Contents

Preface

Nous les Français is a two-year course running from post GCSE to A level, with the emphasis on a communicative approach to language learning. Part two consists of eleven textbook units with accompanying audio recordings, together with a teacher's book. Each unit is centred on a topic area, with extracts from French newspapers, magazines, and books, and with related recordings made in France. This material is not treated as the starting point for formal exercises and analytical language work; rather, the pieces are used as a stimulus for discussion, role-playing, pair work, simulation, debate, reports, information-gathering, opinion-forming, argument, personal research, presentation, and other tasks demanding real communication in the language.

Material has been chosen for its intrinsic interest and its long-wearing informational content, as well as for its variety of styles and registers. Intentionally, individual extracts are not overworked, so that the student does not lose sight of what the piece has to say, in concern for form and exploitation.

Extracts vary considerably in length and difficulty. Some longer extracts than those we met in part one have been included in part two. It is very important that these longer extracts should be used for overall gist comprehension and not analysed in detail: interest in content is so easily killed by overdetailed attention to matters of form, especially with longer texts. Form has its place (there are separate language manipulation exercises provided), but content should take precedence. To this end side vocabularies are provided to all extracts, listing all new words, so that dictionary searching is kept to a minimum.

As in part one, pair work as a technique is much in evidence, as are groupwork, reporting-back, information-gap exercises, organized argument and précis-work. Structured class discussion is used more than in part one. Aural comprehension is based as before on unscripted recordings of French people of various ages, backgrounds, and accents (there is now more regional variation of accent than there was in part one); and on recorded versions of the printed text in a few cases where this is appropriate and useful.

In part one there were four geographical units based on the four 'corners' of France; here in part two the central unit takes as its topic the 'centre' of France: Paris and its inhabitants. The other ten units cover topics of interest and importance to students in their late teens, completing the picture of France and the French which was begun in part one. Information is meant to serve as stimulus rather than be comprehensive, and printed texts are therefore taken from a wide range of sources, with some material from French-speaking magazines and newspapers outside France. The first and last units ('La langue que nous parlons' and 'Au-delà de l'Hexagone') both look beyond metropolitan France.

Most of the material included is from contemporary newspapers and magazines, though some relevant literary material is used to extend the range of register and to present, from time to time, a more sophisticated and subtle use of the language. Texts are sometimes abridged, to remove irrelevancies, to cut material that will quickly date or to reach the point more rapidly. Material has only been shortened, not rewritten, and wherever possible it has been kept untouched. The tapes were made throughout France and in England under the author's supervision; they too have been edited to retain what is relevant and interesting.

Nous les Français

Part 2
William Rowlinson

Oxford University Press 1988

Oxford University Press, Walton Street, Oxford OX2 6DP

Oxford   New York   Toronto
Delhi   Bombay   Calcutta   Madras   Karachi
Petaling Jaya   Singapore   Hong Kong   Tokyo
Nairobi   Dar es Salaam   Cape Town
Melbourne   Auckland

and associated companies in
Berlin   Ibadan

Oxford is a trade mark of Oxford University Press

ISBN 0 19 912090 0

Acknowledgements

Once again the author is very grateful indeed to Nicole Rueg for much valuable
organization and for her linguistic help; to David Smith, Head of Modern Languages at
Ecclesfield Comprehensive School, Sheffield, for his useful and perceptive criticisms and
suggestions; to the Oxford University Press editorial team for their continued
encouragement, as well as for deciphering the author's wayward word-processing; and
finally and especially to all the French men and women who so willingly answered the
author's questions and talked into his microphone.

The author and publishers would also like to thank the following newspapers and
magazines for permission to reprint material: Société de Presse et d'Editions du
Cameroun, Le Monde, Le Nouvel Observateur, Liaison, Marie France, Jours de France, Le
Quotidien de Paris, Le Figaro, Signature, La Vie, L'Express, Prima, Le Parisien, Marie
Claire, Maison de la France, Cosmopolitan.

Permission to reprint extracts from the following books is also acknowledged:
Raymond Queneau Zazie dans le métro Editions Gallimard
Alphonse Boudard La café du pauvre Les Editions de la Table Ronde
François Mauriac Le baiser au lépreux Editions Bernard Grasset

The publishers would like to thank the following for permission to reproduce
photographs:

Crédit Lyonnaisé p22; Dictionnaires Le Robert p13; Manchester Historic Association
p98; Photo Lipnitzki-Roger-Viollet p15; Rapho p100; RSPB/C J Bibby p35.

All other photographs are by the author.

The cover painting is by Maurice Utrillo: 'Rue de Belleville' 1922 (detail). Watercolour on
paper 23.4 × 18.3. The Brooklyn Museum, 67,24,20. Bequest of Miss Laura L Barnes.

The illustrations are by Antonia Enthoven, Kate Taylor and Neil Wilson.

Phototypeset by Tradespools Ltd., Frome, Somerset

Printed in Great Britain by William Clowes Ltd; Beccles

For each unit there is a set of language manipulation exercises in a separate section at the end of the book. These are formal exercises of a variety of types which correspond to those included in many modern A-level examinations. It is suggested that these form-based activities be kept to the end of each unit and held distinct from the main communicative work.

There is also a comprehensive grammar section, with index, covering all material that is really necessary at A level.

The teacher's notes to part two of the course form a separate 80-page booklet. They include suggestions for exploitation of the texts, much background material, additional exercises and transcripts of all tape recordings.

The aim of part two of **Nous les Français** is to bring pupils to the point where they feel at home reading and listening to modern French on a whole range of everyday topics at the sort of intellectual level that should be reflected at A level, and where they are also able to converse and write fluently, informedly, and intelligently in these areas. The title of the course is not an empty one: **Nous les Français** also aims, through this contact with the spoken and written words of French men and women, to give students knowledge of what life in France today is like and what sort of things concern the French. It should also lead them to express some of their own opinions on these matters, fluently and confidently.

The following symbols are used in the text:

Material from the tape recordings is to be introduced in this section.

This section of the unit involves pair work.

La langue que nous parlons

1

Il y a 140 millions de francophones dans le monde, dont cent millions qui parlent le français comme première langue. Vous aussi, vous faites partie de la francophonie. Seulement 52 millions de ces francophones sont des Français ; beaucoup en sont des habitants des anciennes colonies françaises. C'est peut-être là qu'on parle le meilleur français... Du moins, c'est ce que pense Christine Clerc qui écrit dans *Le Figaro Magazine*.

Le sommet franco-africain nous donne l'occasion d'entendre plusieurs chefs d'État de l'Afrique francophone s'exprimer à la télévision. Quelle belle langue – si différente du jargon de nos hommes politiques – ils parlent ! Une syntaxe parfaite, des phrases limpides, le goût du mot juste. On se dit en les écoutant, avec un peu de nostalgie, que l'enseignement des bons pères (et des bonnes sœurs) des écoles catholiques d'Afrique valait décidément mieux que celui des écoles publiques de la métropole.

Le Figaro Magazine

Des phrases limpides ? Une langue sans jargon ? Pas toujours ! Voici, à la une de *Cameroon Tribune*, quotidien principal d'un état francophone africain, le message du Président Bija à la nation camerounaise, suite à un coup d'état raté...

LE CALME RÈGNE SUR TOUTE L'ÉTENDUE DU TERRITOIRE NATIONAL

Le message du président Paul Biya à la nation camerounaise, le samedi sur les ondes de la Radio nationale à 19 heures, est un message serein et digne à l'image de l'attitude du peuple camerounais dans son ensemble. En voici la teneur, dans sa dignité et sa hauteur.

l'étendue extent ; area
digne worthy

à l'image de reflecting
la teneur tenor ; terms

Camerounaises,
Camerounais,
Le Cameroun vient une fois de plus de traverser une période délicate de son histoire. Hier en effet, le 6 avril, vers trois heures du matin, des éléments de la Garde républicaine ont entrepris la réalisation d'un coup d'état, concrétisé par la coupure des liaisons téléphoniques et l'occupation des points stratégiques ou sensibles de Yaoundé, Palais de l'Unité, Immeuble de la Radio, Aéroport, etc, avec pour finalité la mainmise par la violence sur le pouvoir public. Des unités régulières de notre Armée nationale demeurées fidèles aux institutions et qui avaient reçu des ordres pour enrayer le coup de force, conduisirent le combat avec méthode et détermination et aboutirent en fin de matinée de ce jour (7 avril), à une victoire complète. Le calme règne sur toute l'étendue du territoire national.

C'est le lieu pour moi de rendre un vibrant hommage à ces unités de notre armée pour leur engagement et leur attachement à la légalité républicaine.

Enfin, je demande à toutes les Camerounaises, à tous les Camerounais, et à tous ceux qui résident dans notre pays, de garder leur calme et de poursuivre leurs activités de développement économique et social de la Nation.

Vive le Cameroun.

Cameroon Tribune

sensible sensitive
la mainmise seizure

1 Lisez l'article. Des phrases longues (il n'y a que six phrases dans tout le message), des mots importants, des expressions compliquées pour exprimer des choses apparemment simples. Pourquoi ? On trouve l'occasion solennelle ? On veut faire l'important ? On a quelque chose à cacher ? On a peur que le coup d'état ne se reproduise ?

2 Est-ce que vous pouvez trouver un français plus simple pour ces expressions ?
   – une période délicate de son histoire
   – des éléments
   – ont entrepris la réalisation de
   – avec pour finalité la mainmise par la violence sur
   – sur toute l'étendue du territoire national
   – pour leur engagement et leur attachement à la légalité républicaine
   – de poursuivre leurs activités de développement économique et social de la Nation.

3 A deux, essayez de récrire tout le message dans un français plus simple, plus direct, un français de tous les jours. Essayez en même temps de dégager le vrai contenu du message.

4 Lisez maintenant ci-dessous notre version du message. Comparez-la avec la version originale. Est-ce que la nôtre correspond, à votre avis, aux événements probables, ou avons-nous été injustes ?

Notre version . . .

Encore un attentat. Cela s'est passé cette nuit vers trois heures du matin, et cette fois-ci c'étaient des soldats de la Garde républicaine qui ont essayé de prendre le pouvoir. Ce qu'ils ont fait, effectivement, c'est de couper le téléphone et de saisir le bâtiment gouvernemental, la radio et l'aéroport. Leur intention, évidemment, était de me tuer. Des soldats qui me restent fidèles ont chassé les révoltés et ceux qu'ils n'ont pas tués se sont enfuis. Vers midi aujourd'hui tout est redevenu plus ou moins normal. Tout le monde est épuisé.

Merci aux soldats fidèles; quant à vous autres Camerounais, vous feriez mieux de retourner à votre travail : surtout ne vous avisez pas de recommencer ce coup d'état !

2 Si le français d'outre-mer n'est pas aussi parfait qu'on le pense, où parle-t-on un français « pur » dans la France moderne ? L'importante division linguistique en France est celle entre la « langue d'oïl » et la « langue d'oc ». La langue d'oïl était la langue du nord, surtout de l'Île de France, lorsque le français a d'abord évolué du latin. Là, près de la capitale, le mot signifiant « oui » (et venant du latin *hoc ille*) se prononçait « oïl ». La langue d'oc, par contre, est la langue du midi, là où on disait « oc » pour « oui ». C'est la langue d'oïl qui l'a emporté et qui est devenue le français moderne qu'on parle partout en France. La langue d'oc est devenue le provençal moderne.

Mais si c'est la langue du nord qui s'est répandue partout en France, les gens du midi ont gardé leur propre prononciation. Aujourd'hui, c'est là la plus grande différence linguistique qu'on remarque en France, différence dont un étranger parlant même imparfaitement le français se rend aussitôt compte. Vous ne percevez peut-être pas beaucoup de différence entre la prononciation française d'un Calaisien et celle d'un Parisien; mais entre celle d'un habitant du nord et celle d'une Française méridionale … écoutez donc !

Michel	*Isabelle*
la Flandre Flanders	**la faïence** faience; earthenware
le flamand Flemish	**sensiblement** to a large extent
le néerlandais Dutch	**artisanal** as a small-scale craft
l'attache (*f*) connection	**serviable** obliging
le Calaisis the Calais region	**l'enivrement** (*m*) intoxication
le schweizerdeutsch Swiss German	
décrier disparage	
l'agro-alimentaire food production	
la viticulture wine production	
profond (*here*) deep-rooted	

1 Faites une liste des avantages et des désavantages du nord et du sud selon le Calaisien.
2 Quelles avantages Paris a-t-il offert à Isabelle ? Pourquoi pensez-vous qu'elle est revenue travailler dans son village natale ?
3 « Dans le Midi on prononce toutes les syllabes; chez nous nous avons tendance à avaler une partie des syllabes. » Avez-vous observé cette différence en écoutant les deux enregistrements ? Quelles autres différences avez-vous remarquées ?

3 Peut-être que le français « pur » n'existe pas ? Mais il y a certainement des gens qui soutiennent le contraire, et qui veulent défendre ce français classique contre l'invasion contemporaine des mots et des expressions puisés dans d'autres langues. C'est surtout une invasion anglo-saxonne, ou plutôt américaine. Lutter contre elle est une tâche formidable, mais nécessaire selon beaucoup d'intellectuels français …

Des Amers-looks

… Naturellement, comme pour la traite des Noirs autrefois par les Européens, les Américains en cette affaire ne sont pas seuls coupables. Ce sont souvent les nôtres qui livrent notre culture, comme les roitelets africains livraient les futurs esclaves. Les pouvoirs publics vont-ils accepter passivement que l'on bafoue ce qui est un véritable droit de l'homme, le droit de vivre dans sa propre culture ? Qu'est-ce qui doit prévaloir : les droits de l'homme ou les droits de l'argent ? Il faut répondre clairement.

Regardez-les, ces marchands du temple, ces chefs de pub, des médias, du commerce, qui nous écoulent la verroterie américaine (« Dallas », le jogging, le cuir shop, l'usine center et autres timings...).

Et qui plus est, ils sont fiers, les Amer-looks, fiers et arrogants, malgré leur absence totale de personnalité, car ils se croient modernes, jeunes. Selon eux, ceux qui luttent pour la dignité sont des ringards, des archéos, OK ?

Inutile d'être Persan pour observer les dégâts, fruits pourris d'un comportement collectif suicidaire : pas un magasin neuf sans enseigne en anglais, nulle possibilité d'acheter aux enfants des vêtements avec des formules autres qu'en anglais ; la moitié des films de l'année écoulée (fussent-ils français) avec des titres anglais ; peu de radio où l'on ne nous matraque de la musique américaine (comme si les Français, les Africains, les Latino-Américains, étaient insi-

gnifiants sur ce plan).

Mais où vit-on ? Qui est majoritaire dans ce pays ? Combien de temps cette insulte permanente à un peuple par quelques vaniteux va-t-il durer ? Messieurs les Amer-looks, pour rester chébrans il va vous falloir changer, à moins que vous n'émigriez aux États-Unis puisque vous ne rêvez que d'être américains. Rassurez-vous, on ne vous retiendra pas.

Le Monde

l'Amer-look American imitator
la traite des Noirs slave trade
le roitelet petty king
l'esclave slave
bafouer flout
prévaloir prevail

écouler sell off
la verroterie trinkets; trash
le timing modish expression
ringard (*slang*) out-of-date
archéo (*slang*) from the stone age
Persan Persian ; (*here*) from distant parts

le comportement behaviour
écoulé past ; last
les formules labelling
vaniteux conceited ; egotistical
chébran (*slang*) (*here*) switched on

1 La langue et la culture ne sont pas exactement la même chose : les langues empruntent toujours des mots aux autres langues. La moitié de notre anglais moderne est une importation du français, ce qui l'a rendu beaucoup plus riche. Peut-on reprocher, cependant, au français le fait qu'il emprunte souvent sans être trop exact (« le parking » au lieu de « car park » par exemple, ou le mot « timing » qu'utilise notre auteur) ? Essayez de dresser une liste de tels mots du français (ou plutôt du franglais) empruntés inexactement à l'anglais.
2 L'auteur semble confondre l'argot des jeunes avec les néologismes américains. Quels mots de cet argot emprunte-t-il ?
3 Trouvez-vous néfastes ou non les influences des autres langues sur une langue comme le français ? Écrivez deux paragraphes où vous exprimerez vos propres opinions.

4 Ce ne sont pas seulement les néologismes venus des U.S.A. qui déforment la langue : il y en a de vilains « made in France ».

A l'entrée de toute ville de France, du plus petit village à la plus grande ville, des panneaux indiquent les richesses culturelles que l'on peut y découvrir ainsi que les facilités d'accueil. Destinées tant au voyageur français qu'étranger, ces informations sont une incitation à s'arrêter pour ne pas passer à côté de richesses souvent trop peu connues. Vous les avez tous vues, de style « sa chapelle médiévale » ou « son camping trois étoiles ». Au cours d'un déplacement cet été, j'ai été frappée, à l'entrée d'une fort jolie ville de France, par l'inscription suivante : « Son intramuros piétonnier »... Personnellement, j'ai mis quelque temps à comprendre ; je me demande ce que peuvent traduire nos amis étrangers, et en tout cas, la formule est particulièrement inesthétique. Toute cela pour annoncer une zone piétonne charmante et tout à fait agréable à visiter. Que ceux qui rédigent ces panneaux se contentent d'annoncer clairement ce qu'ils veulent promouvoir sans partir dans des recherches linguistiques plutôt douteuses !

Journal Marie France

● Le conseil municipal de votre ville a décidé d'ériger des panneaux pareils à ceux des villes françaises. Trois en sont prévus pour chaque entrée de l'agglomération. Ces panneaux porteront des textes en anglais, en allemand et en français. Votre professeur (qui est le représentant du maire) vous propose un concours pour le texte français des trois panneaux. Le premier prix sera décerné à celle/celui qui invente trois textes destinés (soit par leur intérêt, soit par leur bizarrerie) à attirer le plus grand nombre de touristes français dans votre ville. Attention ! Tout ce que vous affichez doit correspondre à la réalité de votre ville : si nécessaire, vous devez le justifier devant la classe !

5 Vous faites des erreurs en parlant français ? Du courage, vous n'êtes pas le seul. Même si sa langue natale est le français, on peut avoir des difficultés à se faire comprendre en France. Comme cette Canadienne, qui écrit au sujet de ses expériences en France dans *Liaison*, magazine de l'Ontario français...

mâcher chew
défricher clear ; disentangle

...Toutefois, même dans des pays où l'on se croit en « sécurité », la France par exemple, on n'est pas à l'abri des embarras. Ainsi, si on désire se procurer des billets pour le métro, on fait mieux de dire « un carnet de tickets » plutôt qu' « un livret de billets ». Autrement, le vendeur fait semblant de ne pas comprendre et on risque de se retrouver à pied... Et si on a le goût d'une « barre de chocolat », il vaut mieux demander une « tablette de chocolat », et du « chewing gum » plutôt que de la « gomme à mâcher ».

Les mots nous jouent parfois bien des tours. L'autre jour, à la fin de la liste d'épiceries que je préparais pour mon ami (c'était à son tour...), j'ai ajouté « bisous » (une expression que j'ai rapportée de France qui signifie petits baisers). Il ne connaissait pas ce terme ! C'est au vendeur derrière le comptoir des viandes qu'il a demandé s'il avait des « bisous » ou du « bison », parce qu'après tout mon écriture n'est pas toujours facile à défricher, et que le « u » aurait pu aussi bien être un « n ». Qu'on soit en voyage à l'étranger ou chez-nous, dans notre pays bilingue, il nous arrive d'être mal compris...

—*Liaison*

▌ 6 Pas tous les Français parlent le français ; il existe des langues minoritaires comme le breton, le basque, le provençal... il y a aussi des dialectes français des régions limitrophes qui sont des langues officielles hors des frontières de la France. Tel est le wallon, langue officielle de la Belgique, parlé en France comme dialecte dans les cantons de Fumay et de Givet dans le département des Ardennes ; tel aussi le franco-normand, patois de la Normandie, mais langue officielle d'une partie du Royaume-Uni !

repousser reject
la voix vote
le bailli (*obs.*) bailiff ; judge
le jurat (*obs.*) alderman
le vicomte viscount
l'enregistreur registrar
le billetier (*obs.*) billeter ; quarterer
le tireur d'actes (*obs.*) public recorder
le prévot provost

● Écoutez cet article du *Monde* au sujet du franco-normand. *Ne le lisez pas encore !* L'auteur fait ressortir sept points (plus ou moins !). Écrivez les chiffres 1 à 7 sur une feuille de papier, puis écoutez-le encore une fois, en prenant des notes en français pour établir les sept points. En classe, essayez de reconstituer l'article ensemble au tableau noir à l'aide de vos notes. Lisez ensuite l'article lui-même, en comparant votre version commune à l'originale...

Le franco-normand, langue de la cour d'Angleterre jusqu'au milieu du quatorzième siècle et même beaucoup plus tard, est aujourd'hui encore langue officielle, judiciaire et administrative des îles anglo-normandes. En 1880, les États de Jersey repoussaient, à la quasi-unanimité des voix, un projet tendant à substituer l'anglais au français comme langue officielle. Aujourd'hui encore, le bailli, les jurats, le vicomte, l'enregistreur public, le billetier, le tireur d'actes, les avocats, les écrivains et les dix prévôts qui constituent la cour royale de Jersey se servent presque exclusivement du français dans l'usage de leurs fonctions.

C'est à la faculté de droit de Caen qu'ils allaient, naguère encore, suivre les cours de droit normand et d'histoire du droit. Patois à Coutances ou à Granville et langue officielle à Jersey ou à Guernesey sont très voisins. Le normand a donné à la langue anglaise une grande partie de son vocabulaire.

Le Monde

7 Il y a des Français qui *préfèrent* que leur langage soit impénétrable aux autres : des jeunes surtout. Le magazine *Femme Pratique* vous offre ce petit glossaire des expressions courantes des jeunes branchés (q.v.) français.

ASSURER (*v.*) = 1. Être compétent dans son domaine : « En géographie, il assure vraiment ». 2. Être à la hauteur de la situation : « Quand elle a éclaté en sanglots, il n'a pas du tout assuré. »
BABA (*adj.*) = Ce qui est à la fois hippie et gauchiste : honte de l'Occident, remise en question perpétuelle, écologie, introspection...
B.C.B.G. (bon chic bon genre) (*adj.*) = Classique, discret, qui préfère le bon goût au confort, anti-minet.
BRANCHÉ (*adj. et n.*) = 1. Servait à l'origine à qualifier les mondains noctambules invités à toutes les fêtes new-waves. 2. Plus généralement, signifie : qui « a compris » la mode. 3. Caractérise celui qui connaît un milieu ou qui s'intéresse à un domaine précis : « Noah, qui assure en tennis, est assez branché rasta ».
CLASSE (*employé surtout comme adjectif*) = Jugement de valeur favorable, initialement fondé sur l'apparence, pour qualifier, en pre-mier lieu, l'élégance B.C.B.G. : « Il est classe. C'est classe. »
CRAINDRE (*v.*) = Ne pas assurer (voir ce mot) : « A trop vouloir assurer, on peut craindre ».
DUR-DUR = Expression fréquente chez les babas pour signifier leur souffrance existentielle permanente, et reprise ironiquement : « Marcher jusqu'au taxi, dur-dur ».
FLIP (*n.m.*), FLIPPANT (*adj.*) = Angoisse momentanée. « Manger seul, c'est flippant. »
HYPER, HYPRA (*adjs.*) = Jugements de valeur : « C'est hyper beau ». Hypra surenchérit sur hyper : « C'est hypra bon ».
LOOK (*n. m.*) = 1. Allure, apparence d'une personne, le plus souvent due à ses vêtements : « Quand il était punk, son look était meilleur ». 2. Esthétique. Le look 70, c'est l'esthétique des années 70.
MÉCHANT (*adj.*) = Jugement de valeur : « Il a un méchant matériel vidéo » = matériel vidéo abondant et perfectionné.
MINET (*adj. inv. en genre*) = Moderne, mais qui préfère le confort au bon goût. « Il a une coiffure très minet. »
POP (*adj.*) = Caractérise tout ce qui était moderne entre 1965 et 1975. Ex. : un seau à glace en forme de tomate, écrire à l'encre vert pomme, mettre de la moquette à la fois sur les murs et sur le sol.
RINGARD (*adj. et n.m.*) = 1. Caractérise ce qui reste pop après 1975 (péjoratif dans ce sens). 2. Synonyme de démodé et antonyme de branché (au sens 2). Aujourd'hui, être punk, c'est ringard.
VERLAN (*n.m.*) = Un procédé consistant à inverser les syllabes d'un mot, ce qui a pour effet de le rendre méconnaissable aux non initiés : verlan = l'envers. A la transformation en verlan s'ajoute un phénomène d'abbréviation. Ex. : beur = Arabe (surtout pour la deuxième génération) ; féca = café ; meuf = femme ; ripou = pourri.

Femme Pratique

gauchiste left wing
le genre (*here*) taste

les mondains noctambules fashionable night people
surenchérir go one better than

méconnaissable unrecognizable
l'envers reverse

● A l'aide de ce glossaire, essayez de récrire cette triste petite histoire en français normal :

C'est parce que Norbert est si baba qu'il n'assure pas avec les meufs hyper classe. L'autre jour, dans un féca, il a rencontré une méchante fille branchée BCBG avec un beur hypra minet. Il n'a voulu parler ni avec l'une ni avec l'autre, c'était trop flippant pour lui. Il a commandé un loca pour assurer un peu, mais quand il s'est levé, il a vu son image dans le miroir derrière le comptoir : zonblou zarbi, look ringard, même pop. Il a tellement craint qu'il est parti sans même finir son loca : dur-dur.

8 Pour la femme sensibilisée, les règles de la grammaire française gouvernant le genre posent des problèmes qui ne restent pas simplement linguistiques. C'est surtout le cas avec les noms de profession, sans forme féminine. Voici deux des lettres qu'ont écrites des lectrices de *Marie Claire* à propos d'un article dans le magazine qui ridiculisait des expressions comme « Madame le Secrétaire », « Madame le Ministre ». La première lettre souligne le problème, la deuxième offre une solution...

Dans deux mois, je vais épouser un jeune pharmacien. Eh bien, vous ne devinerez jamais! Je vais devenir... Madame la pharmacienne, tout en faisant des études d'informatique! C'est miraculeux, n'est-ce pas ?

Ainsi une femme « docteur en pharmacie » restera toute sa vie (à moins que les mœurs n'évoluent) « pharmacien », alors que moi, sans aucun effort, je vais avoir le suprême honneur de porter un titre au féminin, s'il vous plaît, mais à mon humble avis absolument discriminatoire.

Ce titre, cet honneur, je le refuserai aussi longtemps que mon (futur) époux ne sera pas « informaticien » !

V.S., Strasbourg

les mœurs customs

Au lieu de réclamer, de revendiquer, pourquoi ne prenons-nous pas les devants ? L'Académie finira bien par suivre! Selon quelles règles ?

Allons toujours au plus simple. Les élèves l'ont compris depuis longtemps, qui parlent de la prof de maths. Des féminins en « eur » ça existe: la hauteur, la largeur, l'odeur... Pourquoi pas la professeur de maths ou la nouvelle auteur à la mode ? Pourquoi pas la député, comme il y a la bonté ? Et aussi la ministre, la maire, comme il y a eu la secrétaire lorsque les femmes ont investi cette fonction qui fut d'abord occupée par les hommes. Il n'y aurait absolument rien de gênant à avoir à la fois une directrice et une professeur, une lieutenante et une capitaine, et on aurait alors une agent commerciale comme on a une dent couronnée !

La règle essentielle serait que la terminaison du mot féminin corresponde à ce qui existe déjà en français.

Commençons nous-mêmes par employer ces mots, il faudra bien que les hommes finissent par suivre. Et quand le mot est passé, l'idée suit.

Anne-Marie Bele, Les Essarts-le-Roi

Marie Claire

prendre les devants make the first move

En effet, on dit « c'est un professeur », même si c'est une femme, et on parle d'une femme auteur, on dit Madame le Ministre, Madame le Député, Madame le Maire (dans le temps le mot *la mairesse* existait). Souvent c'est la forme du mot plutôt que son sens qui est décisive – on dit *la sentinelle* parce que –*elle* est une terminaison féminine. Évidemment, ce n'est pas toujours le cas – il y a des professions dont le nom est sans forme féminine parce qu'autrefois on y rencontrait très peu de femmes.

1 Avez-vous trouvé sexistes des règles de la grammaire française ? Lesquelles ?
2 Quels changements voudriez-vous faire pour éviter la dominance du masculin ?
3 Est-ce que vous trouvez que la langue française est plus discriminatoire que l'anglais ?

9 Comme toutes les langues, le français est en voie de changement, et de nos jours le changement devient de plus en plus rapide. Ayez un peu de sympathie pour les gens qui travaillent à cataloguer cette langue, à créer ces outils qui sont indispensables pour nous qui apprenons une langue vivante – les dictionnaires. Un des plus prestigieux des dictionnaires français est le « Robert » – il se trouve peut-être dans votre bibliothèque ou parmi vos livres. Mais qui était ce fameux monsieur Robert ?

Monsieur Dictionnaire : la passion des mots

intarissable inexhaustible ; unstoppable
les prémices (*lit.*) early beginnings
qu'à cela ne tienne never mind that ; no obstacle
les usuels reference books

Si vous parlez poésie à Charles-Albert de Waziers, son visage s'illumine, il devient intarissable. Originaire du Nord, il préside aux destinées des dictionnaires « Le Robert ». Une collection d'ouvrages sur la langue française, qui en un quart de siècle a conquis une place et une renommée enviable dans le monde de l'édition. Cent quinze millions de chiffre d'affaires, vingt-huit pour cent de ce chiffre étant réalisé à l'exportation, principalement vers le Canada, la Belgique, la Suisse et … le Japon. Une aventure dont les prémices remontent à 1946.

A cette date, Paul Robert préparait une thèse de doctorat. Consciencieux à l'extrême dans la recherche du mot juste, notre homme trouvait difficilement un dictionnaire qui lui convînt. Qu'à cela ne tienne, il va créer son propre dictionnaire. Dix-huit ans plus tard, en 1964, paraissait la première édition du « Robert » en six volumes. Un travail de Titan qui donnait un renouveau à la langue française.

L'aventure étonnante de cet homme qui vouait au mot une véritable passion va se poursuivre et l'entreprise ne cessera de s'enrichir de titres nouveaux. En 1967 apparaissait le « petit Robert », frère cadet de l'édition en six volumes, en 1974, le Robert des noms propres en cinq volumes voyait le jour, en 1978 c'était au tour du « Robert et Collins », et de 1979 à 1981, la collection « les Usuels du

Robert » était publiée (difficultés du français, et étymologie, synonymes, citations …).

« Le dictionnaire ou l'encyclopédie, c'est de l'industrie lourde, commente Charles-Albert de Waziers. Songez que pour l'achèvement de la deuxième édition, en neuf volumes, cette fois-ci, du « Grand Robert », douze personnes ont travaillé, en moyenne, pendant six ans. Ce qui représente un coût rédactionnel et informatique de dix-huit millions. Si vous ajoutez à cela cinq millions pour un tirage de dix mille exemplaires, vous obtenez un investissement total de vingt-trois millions avant d'avoir vendu quoi que ce soit ! Le plus petit dictionnaire demande plusieurs années de travail. »

Une tâche néanmoins fascinante : « Notre objectif est de rendre compte de l'évolution de la langue française. Nous ne sommes pas juges, poursuit M. de Waziers. Nous possédons notre propre documentation et nous dépouillons quotidiennement romans, revues, journaux à la recherche de mots nouveaux ou des évolutions de significations … »

Le Parisien

le tirage print run
quoi que ce soit anything at all

dépouiller go through ; examine
la signification meaning

1 « Nous ne sommes pas juges. » Est-ce qu'un dictionnaire doit être autoritaire ? Est-ce qu'il est là pour vous montrer, sans doute et sans question, ce que veut dire un mot, comment on le prononce, comment il s'écrit ? (Mais si c'est vrai, pourquoi avoir jamais besoin de nouveaux dictionnaires ?)

2 Est-il là, au contraire, seulement pour observer et enregistrer la langue à un certain moment du temps ? (Mais si cela est vrai, et si on travaille pendant six ans pour compiler un dictionnaire, comment peut-on jamais être à la page … ?)

3 Considérez ces deux points de vue, puis écrivez deux paragraphes de réponse à la question « *Pourquoi les dictionnaires ?* »

2 Les Français et leur argent

1 Le Français est de tradition conservateur en tout ce qui concerne l'argent. Il préfère de l'or sous son lit aux valeurs à la banque. On estime que les épargnants français détiennent le quart du stock mondial d'or, hors réserves des banques centrales...

La lettre (ironique!) d'un lecteur du *Monde* souligne ce conservatisme:

Certains pays, actuellement, changent le nom de leur monnaie, ou bien en modifient profondément l'équivalence.

Saviez-vous que c'était le cas de la France ? A entendre les radios et les chaînes TV, on peut conclure que la nouvelle monnaie est le « centime ». Bientôt, sans doute, les Amé-ricains supprimeront le dollar pour le « cent », et les Allemands le deutschemark pour le pfennig. Quand ce ridicule cessera-t-il ? (Vingt-sept ans après la réforme !).

LOUIS CYRIL
(Paris).

Le Monde

1 Quelle réforme?
2 Au lieu de quoi les radios et les chaînes TV emploient-ils le mot « centime » ?
3 Pourquoi?
4 L'Angleterre est le pays de la tradition, dit-on. Pourquoi avons-nous si vite oublié nos shillings et nos pence, tandis que les Français ne peuvent, apparemment, renoncer à leurs anciens francs?

Les Français son conservateurs au sujet de leur argent : est-ce qu'ils sont avares aussi ? Voici Harpagon, héros de *L'avare* du grand Molière, à qui on a volé son argent, qu'il n'a pas, bien sûr, mis sous son lit, mais ... soigneusement enterré dans son jardin.

Hélas, mon pauvre argent, mon pauvre argent, mon cher ami! On m'a privé de toi; et puisque tu m'es enlevé, j'ai perdu mon support, ma consolation, ma joie; tout est fini pour moi, et je n'ai plus que faire au monde: sans toi, il m'est impossible de vivre. C'en est fait, je n'en puis plus; je meurs, je suis mort, je suis enterré. N'y a-t-il personne qui veuille me ressusciter en me rendant mon cher argent, ou en m'apprenant qui l'a pris? Euh...?

priver de deprive of
c'en est fait that's that
je n'en puis (*now* **peux**) **plus**
   I'm done for

———————— *Molière*: « L'avare » Acte IV

1 Cela est exagéré, quand même! Les Français en général ne sont pas comme ça, n'est-ce pas ? Considérez tous les Français personnellement connus de la classe (ce n'est pas nécessaire de les nommer – donnez-leur des lettres, comme Monsieur X ou Mademoiselle Y). Pour chacun ou chacune:
– Est-ce qu'il parle beaucoup ou peu d'argent?
– Est-ce qu'il a toujours de l'argent en poche?
– Quand vous sortez avec lui, c'est vous ou lui qui paie le plus souvent? C'est pareil lorsque vous sortez ensemble en France et en Angleterre?
– Si c'est un jeune, est-ce que on lui donne beaucoup ou peu d'argent de poche, à votre avis? (Le savez-vous d'ailleurs?)

– Est-ce qu'il dépense de l'argent pour acheter des choses que ses moyens ne lui permettent pas ?

– En comparaison avec un Anglais de milieu équivalent, est-ce que vous le qualifierez de généreux ou de peu généreux ?

2 Maintenant, écoutez ces jeunes Français, l'un de seize, l'autre de dix-sept ans, qui parlent de leur argent – d'où il vient, combien il y en a, où et comment ils le dépensent…

Comparez-les

a avec les Français connus de la classe dont on a déjà parlé

b avec les membres de la classe elle-même.

rajouter give a bit extra	**prodigue** lavish ; generous
abusivement wrongly	**le frottement** contact

2 Le Français en général n'est pas gaspilleur. Mais est-il vraiment avare ? Le magazine *Marie Claire* croit l'avoir établi :

FRANÇAIS, QUE VOUS ÊTES RADINS!

La Sofres a réalisé pour nous le premier sondage bon cœur. Est-ce par peur du résultat que personne avant nous n'avait osé interroger les Français sur ce thème? Il faut bien dire que les résultats ne sont pas très brillants.

Question: «Vous arrive-t-il de donner de l'argent pour lutter contre la misère?»

	ENSEMBLE DES FRANÇAIS	HOMMES	FEMMES
Souvent	10%	6%	13%
De temps à autre	30%	30%	31%
Quelquefois	33%	35%	32%
Jamais	27%	29%	24%

Bravo les femmes! Vous donnez deux fois plus souvent que les hommes: 13% contre 6%. Les misogynes diront que les femmes prennent l'argent dans le porte-monnaie de leur mari, les autres reconnaîtront qu'elles ont toujours été du côté de ceux qui souffrent.

Question: «A combien estimez-vous le total des sommes que vous donnez dans l'année?»

ENSEMBLE DE CEUX QUI DONNENT (73%)		
Moins de 50F	15%	} 44%
De 50F à 100F	29%	
De 100F à 200F	22%	} 38%
De 200F à 500F	16%	
De 500F à 1000F	6%	} 11%
Plus de 1000F	5%	
Sans réponse	7%	

44% des donateurs dépensent moins de 100F par... an. Le prix d'un repas au restaurant.

radin stingy	**prendre dans** take from	**le mendiant** beggar	**à bon port** safely
bon cœur kind-hearted ; philanthropic	**l'entraide** mutual aid	**suffir** be enough	
le misogyne misogynist ; woman-hater	**la sécheresse** drought	**militer** demonstrate	

Question: «Parmi la liste suivante, à qui donnez-vous ou donneriez-vous le plus facilement de l'argent?»

A des organismes de charité ou d'entraide qui soulagent des misères proches de nous, comme le Secours catholique, le Secours populaire, l'abbé Pierre, etc.	36%
A des organismes humanitaires qui combattent la faim, la sécheresse, la malnutrition des enfants, les maladies dans le monde	39%
Aux grandes causes nationales, comme la lutte contre le cancer, l'aide aux personnes handicapées	55%
Directement aux gens qui sont dans le besoin (clochards, jeunes chômeurs, mendiants: etc.)	25%

Sans réponse: 4% Le total des pourcentages est supérieur à 100, les personnes interrogées ayant pu donner plusieurs réponses.

On ne donne pas à n'importe qui. Les clochards n'ont pas la cote. En revanche, la lutte contre le cancer séduit plus que la sécheresse. Un investissement d'avenir en fonction de ses propres peurs?

Marie Claire

Question: «A propos de l'argent que l'on peut donner pour soulager la misère, nous avons recueilli différentes opinions. Personnellement, quelles sont parmi ces opinions celles dont vous vous sentez le plus proche? »

Donner de l'argent ne sert à rien, car l'argent arrive rarement aux destinataires	27%
Donner de l'argent, c'est apporter sa contribution, même si ça ne suffit pas	45%
Donner de l'argent, c'est encourager les gens à ne rien faire pour s'en sortir	8%
Il y a d'autres façons d'aider les gens plutôt que de donner de l'argent, par ex. donner son temps, participer à une action, militer, etc.	30%
Ce n'est pas aux gens de donner de l'argent pour soulager la misère, c'est aux gouvernements de s'en occuper	26%
Aucune de celles-ci	3%

Sans réponse: 2% Le total des pourcentages est supérieur à 100, les personnes interrogées ayant pu donner plusieurs réponses.

Toutes les raisons sont bonnes pour ne pas donner. La vieille idée que l'argent n'arrive pas à bon port séduit 27% des sondés. Et 30% estiment qu'il est plus utile de militer. Le font-ils?

1 Faites participer la classe à ce sondage. Est-ce que vos résultats sont très différents de ceux de *Marie Claire*? Êtes-vous si différents du Français moyen, vu la différence entre ses moyens financiers et les vôtres?

2 Êtes-vous du côté des misogynes qui disent que les femmes donnent plus souvent parce qu'elles puisent dans le porte-monnaie de leurs maris? Est-il possible que les femmes donnent souvent et peu, parce que beaucoup d'entre elles ont plus d'occasion de rencontrer des gens miséreux que les hommes? Il est vrai que les femmes sont toujours du côté de ceux qui souffrent?

3 Seriez-vous d'accord que donner à des grandes causes comme la lutte contre le cancer est un investissement d'avenir? Et ainsi une sorte d'égoïsme?

4 Considérez chaque raison citée pour ne pas donner. Est-ce qu'il y a des brins de vérité dans ces opinions? Quelle différence voyez-vous entre le rôle du gouvernement et celui de l'individu dans la charité?

3 Suite à ce sondage, *Marie Claire* est allée dans les rues de Paris chercher des mendiants. Selon le sondage, les trois quarts des Français ne donnent rien à ces gens-là. Et pour ceux qui donnent, c'est, paraît-il, l'apparence extérieur du mendiant qui est important, plutôt que les circonstances de sa misère.

Voici des portraits de quatre mendiants de la capitale. Prenez chacun le rôle d'un mendiant et lisez l'extrait qui le décrit. *Ne lisez pas les autres extraits*! Tous les membres de la classe vont vous poser des questions sur votre apparence, votre infirmité ou votre handicap, votre vie, *mais pas sur ce que vous gagnez*. Répondez en consultant l'article, si besoin est. Finalement ils vont essayer de deviner ce que vous gagnez par jour.

Lisez ensuite les trois autres extraits.

L'homme à la pancarte

la pancarte card
affalé sunk; flopped
le maillot de bain swimsuit

Affalé sur le trottoir devant la vitrine d'un magasin de maillots de bain, proche de l'Opéra, le visage zébré de cicatrices, notre premier mendiant n'attire pas la sympathie

un coup (*slang*) drink
les courses races
rigolo (*f*: **-ote**) fun

immédiate. Fidèle au poste tous les jours de onze à quatorze heures, il prend le soleil. Après ? « Je vais voir mes potes. On boit des coups et on joue aux courses. Ce que je faisais avant ? » Il rit, hésite à parler puis, décidant sans doute qu'il peut nous faire confiance, lance : « J'étais voleur. Mais je me suis trop fait prendre, j'en ai eu marre... Je prenais de l'argent aux gens, maintenant c'est eux qui m'en donnent. C'est moins risqué mais c'est moins rigolo. »

Petit à petit il a perfectionné son look. Avant, quand il était débutant, il mendiait debout, la main tendue. C'était fatigant et peu rentable. Maintenant il est assis avec, à ses pieds, une pancarte : « Je suis sans travail, aidez-moi. » Ça marche beaucoup mieux. Près de l'Opéra, vous donnez à l'homme à la pancarte 40 F par jour.

L'aveugle

agiter wave
le gobelet cup
brillant de propre
  spotlessly clean
ciré polished
y voir clair be able to see
le maigre ordinaire meagre
  everyday fare
apitoyer inspire pity

Quelques pas plus loin, du côté de la place de la Madeleine, un mendiant aveugle agite un gobelet en métal. Son regard mort fixé sur sa canne blanche, droit et raide dans un costume impeccable, il a le cheveu court et brillant de propre, les chaussures cirées. Il refuse d'être considéré comme un être à part. Il n'est pas un clochard, il travaille. « Je n'y vois pas clair, c'est le seul travail que je puisse faire. » L'aide social lui verse 2 000 F par mois qu'il utilise pour payer les 1 200 F du loyer de l'appartement qu'il partage seul avec sa femme depuis que ses cinq enfants sont partis. « Vous voyez, je vis comme tout le monde. J'ai un appartement, une femme à la maison et des enfants. »

Il vient chaque jour pour améliorer un peu le maigre ordinaire, deux heures maximum « parce que c'est un travail très fatigant ». La récolte est mince. Les aveugles apitoieraient-ils moins que les chômeurs ? « Parfois je gagne 15 F par jour, parfois rien. Alors je me passe de manger. Mais au moins je suis à l'air. Je suis bien ici. Comme un pêcheur à la ligne. Si ça mord je reste, si ça mord pas je pars. Je suis libre. »

L'Autrichienne

l'encoignure angle ; corner
la moumoute (*slang*) wig

Elle s'est nichée à l'ombre, dans l'encoignure d'une porte, pas très loin de chez Fauchon. Quarante ans, visage rond sans maquillage, drôle de moumoute rousse, elle porte une pancarte sur les genoux : « Je suis sans travail et j'ai faim. J'ai besoin d'un peu d'argent pour retourner chez moi en Autriche. Aidez-moi s'il vous plaît. »

La pancarte est en français, mais on ne parvient à se comprendre qu'en utilisant l'anglais. Elle est arrivée à Paris par le train, il y a six semaines, pour un travail très imprécis. Dans quelques jours, elle repartira pour l'Autriche, à pied. « I'm free. J'ai travaillé toute ma vie. Mon premier boulot c'était assistante dentaire, et puis j'ai eu une boutique de fleurs. Mais ma mère est tombée gravement malade. Je l'ai soignée pendant trois ans, et elle est morte. Alors je me suis dit : maintenant je veux être libre. Et depuis deux ans, je vis comme ça. Je me balade. A mon retour en Autriche, je vais essayer de retravailler. Et puis là-bas, il y a beaucoup d'aides sociales. Mais je veux rester libre. »

Elle est jeune, elle y voit clair, elle est assise à quelques pas de l'aveugle, mais à elle vous donnez 45 F par jour.

Le clochard ivrogne

ivrogne drunken
embrumé hazy
larmoyant watery
facultatif optional ; (*here*)
  variable

C'est l'heure de la messe à l'église Saint-Médard. Il est appuyé contre le porche. Dans sa main noire de crasse, une pièce de 20 centimes. « C'est tout ce que vous avez gagné ? » « Oui, aujourd'hui c'était le désastre. » Il parle avec difficulté, la langue embrumée d'alcool. Sur son visage de vieillard aux yeux larmoyants, une large croûte de sang séché.

« En général vous gagnez combien ?
– Difficile à dire, c'est très... facultatif. 20 centimes, 1 ou 2 F.
– Vous faites ça depuis combien de temps ?
– Dix-huit ans. Et je viens d'avoir soixante-six ans. Un an de plus que la retraite ! Moi j'ai droit à la retraite. J'ai travaillé toute ma vie comme peintre en voiture. Et je suis tombé malade... et puis voilà. Mais je vais bientôt partir à la retraite. Il y a une dame qui travaille aux SDF (Sans domicile fixe) qui s'occupe de retrouver mes papiers. J'ai tout perdu. Vous savez... on est tellement négligent. J'irai chez moi, dans l'Yonne. Si je ne meurs pas avant. »

Le clochard ivrogne de l'église Saint-Médard sera le plus pauvre parmi nos pauvres. Il ne récolte que quelques pièces jaunes.

Marie Claire

1 Est-ce que les conjectures de la classe ont correspondu à la vérité ?
2 Est-ce que vous pouvez expliquer les différences entre ce que vous avez pensé qu'on gagnait, et ce qu'on gagnait en vérité ? Discutez-en de façon générale et essayez d'établir pourquoi on donne de l'argent à celui-ci et pas à un autre.
3 Comment est-ce que ces mendiants s'accommodent de leur occupation ? On a parlé d'un « rêve nécessaire » : quel est le rêve nécessaire de chacun de ces mendiants ?
4 Il y a d'autres sortes de mendiants : par exemple, les jeunes musiciens qu'on rencontre dans le métro et sur les places, à Paris comme ailleurs. Essayez de composer (deux paragraphes seulement) un interview fictif, style *Marie Claire*, avec un de ces jeunes musiciens mendiants.

◢ **4** S'ils ne donnent pas trop volontairement leur argent, qu'est-ce que les Français en font ? Comment le dépensent-ils ? Tout devient de plus en plus cher, hélas, même pour les riches. Qu'est-ce qu'on peut acheter pour cent millions de... centimes aujourd'hui ? Pas beaucoup, dit *Marie Claire* (cela représente les salaires de quinze ans d'un smicard, mis bout à bout...).

Je quartier du Marais, à Paris, 85 m². F le m² pour un bel immeuble.

Pour 1 000 000 F, on s'offre un Cessna 208. Plus rapide et spacieux qu'un avion de tourisme. 250 km/h. Huit places disponibles.

Pour un million, on peut aussi remplir sa baignoire de 255 kg de caviar Beluga à 3 920 F le kg.

Deux mois de randonnée de luxe au Sahara, à quatre, en comptant la voiture, les guides et les chameaux.

...rix de 143 000 rations quotidiennes de ...zine (riz + lait + sucre) pour aider les ...nfants du Sahel à survivre.

Louer l'Orient-Express pendant une semaine et y inviter cent personnes pour leur faire découvrir la France gastronomique.

Swan 391. Ce superbe voilier de 12,19 m est la véritable Rolls des bateaux de sa classe : 900 000 F environ.

Un diamant, taillé rond, top qualité, la meil- leure. Selon le cours du jour, 1 000 000 F (H.T.) les 4,40 carats maximum.

Marie Claire

tailler cut
le cours rate
H.T. = hors taxes

● A deux, choisissez parmi les possibilités ci-dessus. Vous avez exactement un million de francs à dépenser. Justifiez votre choix devant la classe. (Si vous avez fait un choix égoïste, ne vous gênez pas. Les millionnaires sont toujours tant soit peu égoïstes !)

◢ 5   Bien si on a de l'argent, mais si on n'en a pas, que faire ? Il y a toujours la possibilité de se faire de l'argent … littéralement !

1 *A deux* :   Les **A** : lisez le premier article qui suit (celui du *Figaro*).

Les **B** : lisez le second article (celui du *Parisien*).

2 *Toujours à deux* : Questionnez votre partenaire sur le contenu de son article en prenant des notes. Essayez d'établir tous les faits. *Attention ! C'est les **B** qui posent d'abord des questions.*

3 A la suite de chacun des deux articles vous trouverez des questions imprimées. Essayez maintenant d'écrire des réponses à ces questions sur l'article de votre partenaire – celui que vous n'avez pas encore lu. Lisez finalement son article et corrigez vos réponses.

Aujourd'hui, le faux-monnayeur est un technicien hors pair, passé de la photogravure à la sérigraphie, capable d'encrer convenablement et surtout de bien marier les couleurs. Il a su choisir son papier qui doit « craquer » et avoir la bonne sonorité. Mais il lui suffit d'une ou deux machines modernes dans un atelier d'imprimeur dont il aura l'usage quelques nuits : ceci est finalement à la portée de beaucoup de gens. « Si notre rôle est de désorganiser les réseaux d'écoulement de la fausse monnaie, il est encore plus important de trouver les lieux de confection et d'arrêter les fabricants », dit Jean-Paul Coffre, responsable de l'Office central de répression du faux-monnayage et des contrefaçons …

On retrouve dans le « commerce » des faux billets des grossistes et des détaillants. Les fabricants vendent les fausses coupures de 50, 100 et 500 F respectivement 8, 10 et 15 F l'unité aux grossistes. Ces derniers les revendent à 20, 30 et 50 F et plus aux détaillants qui les cèdent à la moitié de leur valeur réelle à ceux qui vont les écouler …

Chez les faussaires et les trafiquants, c'est le règne de la débrouillardise, et l'imagination est à l'honneur. Se méfiant des détecteurs de faux billets dans les banques et chez les commerçants, se gardant aussi des vérificateurs de la Banque de France, une équipe d'imprimeurs de Saint-Adrien d'Elbeuf avait eu l'idée de fabriquer des coupures de vingt francs … qui ne sont jamais contrôlées.

Jusqu'à leur arrestation, au mois de mars, les faussaires estimaient que le risque, pour 20 F, était trop grand en rapport des peines encourues. On peut lire, en effet, sur chaque billet de banque que l'article 139 du code pénal punit de réclusion criminelle à perpétuité « ceux qui auront contrefait ou falsifié les billets de banque autorisés par la loi … »

Le Figaro

---

le faux-monnayeur counterfeiter
hors pair unrivalled
la sérigraphie silk-screen printing
à la portée de within reach of
l'écoulement passing
la contrefaçon counterfeiting

le grossiste wholesaler
le détaillant retailer
la coupure (small denomination) note
le règne reign
la débrouillardise resourcefulness

être à l'honneur hold a place of honour
se garder de protect oneself from
encourir bring upon oneself
la réclusion criminelle hard labour

---

1 Quelles sont les qualités nécessaires pour être un «bon» faux-monnayeur ?

2 Qu'est-ce qu'il vous faut comme matériel ?

3 Quelles gens auraient accès à ce genre de matériel ?

4 Quelles sont les deux rôles de l'Office de répression des faux-monnayeurs ?

5 Quelles sont les diverses étapes de l'écoulement des faux billets de banque ?

6 Pourquoi a-t-on fabriqué des coupures de vingt francs ? Où a-t-on fait cela ?

7 Est-ce que vous avez déjà lu cette histoire ailleurs ?

Trois faussaires arrêtés. Plus d'un million de francs de faux billets saisis. Le gang de faux-monnayeurs, qui fabriquaient et écoulaient de faux billets de 20 F, a été démantelé au cours du week-end.

L'enquête a démarré samedi, lorsque, à la suite d'un tuyau, les inspecteurs de la 5ᵉ division de police judiciaire interpellent à Paris Pierre Despradels, cinquante-six ans, demeurant à Dives-sur-Mer, qui transporte dans sa voiture une liasse de cinquante-sept faux billets de 20 F. Les policiers apprennent rapidement que Pierre Despradels est gérant d'une imprimerie – Arts graphiques industriels – à Saint-Adrien-d'Elbeuf.

Le S.R.P.J. de Rouen est aussitôt alerté et une perquisition décidée dans cet atelier. On y découvre soixante rames de papier à billets, de quoi fabriquer pour un milliard de centimes de fausses coupures. Un technicien imprimeur, Jean-Claude Prot, quarante et un ans, qui travaille avec Pierre Despradels, est à son tour appréhendé.

L'enquête rebondit dimanche lorsque les policiers identifient un autre faussaire, Henri Payen, quarante-neuf ans, déjà connu pour vols et recels, qui habite à Montreuil-sous-Bois. Une perquisition à son domicile permet de découvrir 15 400 faux billets de 20 F, 5 500 fausses cartes grises, de fausses plaques de voitures ainsi que de nombreux faux documents administratifs.

Les faux billets de 20 F, les premiers que l'on découvre en France, ont été examinés par les experts de la Banque de France. Ils étaient très bien imités, presque parfaits.

Le Parisien

le faussaire forger
le faux-monnayeur counterfeiter
écouler pass
démanteler break up
le tuyau tip-off

la liasse wad
le gérant manager
**la S.R.P.J.=Service régional de
    police judiciaire** regional C.I.D.
la perquisition search of premises

la rame ream (of paper)
la coupure (small denomination) note
rebondir start off again
le recel receiving stolen goods
la carte grise = car insurance certificate

1 Quelle était la valeur totale des billets saisis ?
2 Combien de membres du gang ont été arrêtés ?
3 Comment la police a-t-elle pu dénicher ces contrefacteurs ?
4 Qu'est-ce que les agents ont trouvé dans la voiture du premier faux-monnayeur ?
5 Quel était l'emploi de celui-ci ?
6 Qu'est-ce que la police rouennaise a fait ensuite ?
7 Qu'est-ce qu'on a trouvé le dimanche à Montreuil-sous-Bois ?
8 Les faux billets étaient de quelle valeur individuelle ? Pourquoi cela est-il curieux ?
9 Avez-vous déjà lu cette histoire ailleurs ?

6

Nous avons parlé avec Jean-Paul Coffre de l'Office central pour la répression du faux-monnayage, cité ci-dessus dans l'article du Figaro. Si vous avez eu l'idée de vous faire contrefacteur pour être millionnaire, écoutez ce qu'il dit et repensez votre carrière !

1 Comment trouvez-vous le travail de l'Office pour la répression du faux-monnayage ? Romantique ? Banal ?
2 Par quel moyen démasque-t-on la plupart des faux-monnayeurs ?
3 Les fabriquants de la fausse monnaie ne l'écoulent jamais eux-mêmes. Pourquoi ?
4 Qu'est-ce qui vous empêcherait de devenir faux-monnayeur ?
5 « On ne s'imagine pas ce qu'on peut éventuellement s'acheter avec. » Qu'est-ce que vous achèteriez avec 70 millions de francs ?

engranger garner ; get in
collationner collate ; check
être tenu de be responsible
    for
le recoupement cross-check

la filière channel
la négociation transaction
les stupéfiants (*m*) drugs
un mal fou terrrible difficulty

remonter les échelons move up the ladder
l'affaire (*f*) case
par un biais in a roundabout way
concourir à take part in

7 Quant à l'avenir, il est aux petites cartes plastiques plutôt qu'à l'argent. Là aussi on n'est pas complètement à l'abri des escrocs, mais plus la carte devient intelligente, plus elle devient compliquée et difficile à contrefaire.

Carte à mémoire: « la puce savante »

savant performing (of animal)
le sigle logo; initials
anodin harmless
s'orner de be decorated with
la calculette pocket
   calculator
le fer à repasser
   (smoothing) iron
la piste track
la solde balance
l'unité de base unit of
   payment
à partir de starting from;
   (*here*) via
les antécédents médicaux
   medical history

Le sigle CB, désormais, ne signifie plus Carte Bleue mais Carte Bancaire... Changement anodin, direz-vous. En apparence seulement, car il marque en fait la naissance d'un système national unique de paiement par cartes... Toutes ces cartes bancaires seront progressivement dotées d'une « puce », c'est-à-dire d'un micropro cesseur de quelque millimètres carrés, noyé dans le plastique. C'est la fameuse « carte à mémoire », une invention française. Depuis juin dernier et jusqu'à la fin de cette année quelque 3 millions d'habitants de quatre zones (Bretagne-Basse Normandie, Nord-Pas-de-Calais, Rhône-Alpes, Côte-d'Azur) verront leur carte ban caire s'orner de cette puce électronique. Dans le même temps, 50000 commerçants seront équipés de « certificateurs » (appareils grands comme une calculette et qui permettent de vérifier le code confidentiel du client). Ces « certificateurs » rempla ceront ainsi les « fers à repasser » nécessaires pour les actuelles cartes à piste magnétique.

Très bientôt tous les Français auront dans leur poche cette carte bancaire à mémoire, synonyme de chéquier électronique, infalsifiable et inviolable... Cette « puce savante » a en effet en mémoire le code secret du propriétaire de la carte et la somme globale mensuelle que celle-ci permet de régler. A chaque achat, elle calcule instantanément votre solde. Celui-ci s'affiche discrètement sur le « certificateur » du commerçant. Une fois pianoté votre code secret sur ce petit appareil, la transaction est alors immédiatement enregistrée...

Cette carte à puce sera aussi utilisable dans les publiphones (cabines télépho ques spécialement équipées): il suffira de l'introduire dans l'appareil et d'appuyer sur une touche pour acheter 40 unités de base qui seront stockées dans le microproces seur. On utilisera ensuit ce crédit jusqu'à épuisement. Elle permettra aussi de consulter, à partir d'un Minitel, son compte bancaire, d'effectuer à domicile des virements, des commandes de chéquiers, etc.

Dans un avenir plus lointain, il est prévu d'engranger dans la mémoire de cette « puce » un nombre fabuleux d'informations, sur tout ce qui nous concerne, passeport carte d'électeur, antécédents médicaux, etc. Cette même carte pourra également servir à ouvrir la porte de son logement, la portière de sa voiture, etc.

— *Journal Marie France*

Et si vous la perdiez...?

1 Voyez-vous d'autres désavantages à cette carte à tout faire?
2 Est-ce qu'elle aurait peut-être des conséquences politiques? (Qui aurait accès à toutes ces informations?)
3 Mettons que ce soit une bonne idée en principe: quelles autres possibilités voyez-vous à l'avenir pour une telle carte savante?
4 Ayant discuté de ces possibilités, écrivez l'agenda de votre journée en l'an 2000 indiquant chaque fois que vous utiliserez votre carte savante, et pour quoi faire.

3 L'humour des Français

1 Qu'est-ce qui fait rire les Français ? Question vraiment difficile – en matière d'humour les généralisations sont encore plus suspectes qu'ailleurs. Beaucoup de Français vous diront qu'ils ont moins le sens de l'humour que les Anglais. Ce n'est pas pour vous flatter – l'humour anglais est pour le Français une des choses positives qui viennent d'outre-manche. Et pourtant, les Français rient beaucoup ...

Tentons des généralisations ... En comparaison avec l'humour des Allemands, qui est surtout physique, celui des Français est intellectuel. Le Français aime l'ironie, le trait d'esprit, l'humour qui critique ou corrige la société. *Le Canard enchaîné*, l'hebdomadaire satirique français le plus connu, a récemment fêté ses quarante ans ; son humour dépend directement d'une critique des événements et des personnalités politiques du jour. Pour quelqu'un qui n'habite pas en France ou qui ne suit pas sa vie politique de jour en jour, le contenu de ce journal est souvent incompréhensible. Mais on peut trouver la même tendance ironique ailleurs : regardez ce petit dessin de Wolinski dans *Le nouvel Observateur* :

1 Essayez à deux de traduire le texte en anglais. Cela reste drôle ou non ? Est-ce que cela dépend de votre traduction ou non ?
2 Ce que le Français trouve amusant ici, c'est la logique inversée de la réponse (sous-entendu : « typique pour les hommes politiques ») alliée à une critique sociale. Est-ce que cela est important dans l'humour anglais aussi ?

Cette tradition de critique sociale au moyen de l'humour se manifeste surtout dans les arts littéraires – depuis l'œuvre de Molière dans le théâtre classique jusqu'à celui de Jacques Tati au cinéma – mais on peut la reconnaître aussi dans les arts graphiques. Les juxtapositions inattendues et absurdes du Surréalisme des années vingt de notre siècle ont eu beaucoup d'influence dans le graphisme populaire et dans le dessin … en voici un exemple :

l'accessit honourable mention
le concours Lépine competition for
    inventors
la gourde water bottle
étancher quench

CANNE GRAND TOURISME

Elle mériterait un accessit au concours Lépine, cette canne, avec sa gourde pour étancher la soif du randonneur, et sa sonnette utile pour signaler votre arrivée aux villageois, et pour doubler. 120 F. Liste des points de vente : Cades, 75, rue Jean-Jaurès, BP 19, 59431 Hallvin cedex — 20.23.89.90.

Vendredi samedi dimanche

- Absurde, oui, mais pas simplement absurde. Il y a une critique sociale impliquée dans l'idée d'une canne grand tourisme. Quelle critique ? Qu'est-ce qu'on satirise ?

Ce genre d'humour critique cherche comme cible tout ce qui est prétentieux. Considérez ce fait divers cité dans son entier et tiré du *Quotidien de Paris* …

La Tour décroche le ruban

Benoît Berthoux, le président de l'Institut supérieur de recherche des créations du nœud papillon vient d'écrire à Jacques Chirac pour demander l'autorisation à l'occasion du centenaire de la tour Eiffel en 1989 de l'habiller pendant huit jours du plus grand nœud papillon de monde.

Le Quotidien de Paris

1 Croyez-vous que cet Institut existe ?
2 Simplement ridicule, ou est-ce que Monsieur Berthoux ironise à propos de quelque chose ?
3 Cherchez d'autres exemples de l'humour ironique au service de la société, en français et en anglais. Racontez-les en classe.

2

Le bon mot ironique a toujours fait partie de l'humour français :
« Quelque bien qu'on nous dise de nous, on ne nous apprend rien de
nouveau. » *La Rochefoucauld* (1613–80)
« Un grand nous fait assez de bien quand il ne nous fait pas de mal. »
Beaumarchais (1732–99)
« Le restaurant, c'est comme l'amour … On met une heure à choisir un plat et
ensuite on voudrait bouffer ce que le voisin a dans son assiette. » *Louis Jouvet*
(*acteur contemporain*)
Ici encore, cela renferme toujours une vérité sociale. En anglais, le « bon mot »
(expression française que nous avons empruntée, d'ailleurs) est d'origine
américaine plutôt que britannique.

A l'autre bout de la gamme, l'essai ou l'article humoristique est peut-être moins
commun en France qu'en Angleterre, mais il n'est tout de même pas rare. Voici
encore une fois, dans ce genre-ci, l'humour de l'exagération à but social … Les
chauffeurs de taxi sont parfois brusques, même très brusques. L'humour de
Jacques Garai vient de ce qu'il pousse cette brusquerie jusqu'à sa conclusion logique …

Le client est roi

le **roi** king
l'**écriteau** sign ;
  announcement
en douce surreptitiously
le **chien-loup** Alsatian
le **traumatisme** state of
  shock
aboyer bark
au beau milieu right in the
  middle
le **briquet** cigarette lighter
la **voiture de place** (*arch.*)
  cab
la **bosse** bump
la **pharmacie de bord**
  first-aid kit
le **sparadrap** sticking plaster
cradingue (*slang*) filthy
indemne unscathed
le **catcheur** wrestler
se laisser faire let oneself
  be influenced

Vous l'avez remarqué, cet écriteau que les taxis portent sur leur vitre : « Entrez sans fumer ». Ils vous donnent des ordres, maintenant.

Il y a des clients qui obéissent. Pour se déshabituer de la cigarette, un de mes amis passe plusieurs heures par jour en taxi. « C'est cher, dit-il, mais ma santé n'a pas de prix. »

D'autres essayent d'en allumer une en douce, pendant que le chauffeur écoute les résultats du tiercé à la radio. C'est absurde : les chauffeurs s'en rendent toujours compte, sauf en hiver quand ils sont enrhumés, et leur vengeance est redoutable.

Certains ont des chiens-loups dressés à éteindre les cigarettes d'un seul coup de dents, qui vous sautent dessus, causant un traumatisme indélébile. Après, les victimes n'osent plus fumer que dans les W.C. et ils entendent tout le temps aboyer. D'autres chauffeurs, plus sadiques, expulsent le délinquant au beau milieu de la place de la Concorde, à l'heure de pointe. Quelques clients n'ont pas, depuis, réapparu à leur domicile. On les voit la nuit errer autour de l'Obélisque, avec un briquet allumé.

Le succès de leur campagne de terreur a donné beaucoup d'autorité aux chauffeurs de taxi. Il y a trois jours, je hèle une voiture de place rue Royale. J'ouvre la porte,

je vais pour m'installer. Le chauffeur me crie : « Non ».

En sursautant, je me heurte au toit du véhicule et me fais une bosse. Le chauffeur sort sa pharmacie de bord et insiste pour me soigner. Je remarque qu'il a mis le compteur au tarif ambulance. Quand enfin j'ai mon sparadrap sur le front, je veux m'asseoir.

« Non », lance le chauffeur.

— Mais pourquoi ?

— Mes coussins sont neufs. Si je laissais les clients s'asseoir, ils seraient cradingues avant la fin de la journée.

Je reste donc debout, un peu plié, et je veux claquer la portière. « Arrêtez », hurle l'homme. Je la lâche aussitôt. Il m'explique qu'il a les tympans sensibles. C'est depuis sa rencontre avec un treize tonnes. Il en est sorti indemne. Pas ses passagers.

Il se lève, pousse la porte de l'extérieur avec une délicatesse de catcheur. Il met quelque chose dans sa poche. Ça doit être la poignée. Je l'ai vue qui se détachait. Le chauffeur est retourné au volant. Il me demande :

— Où allez-vous ?

— Rue du Rocher.

— N'y allez pas.

Là, quand même, je ne me laisse pas faire. Pas tout de suite. Pourquoi n'irais-je pas rue du Rocher ? Il évoque les dangers de la montagne, les victimes de l'alpinisme,

dévisser (*slang*) fall
le croc fang
Cochin, Lariboisière *names*
of Paris hospitals
vlan wham
le mec (*slang*) guy; bloke
les urgences casualty
(department)
sapé (*slang*) well dressed
embarquer take on board
foutre par terre (*slang*)
bring down
le trou (*slang*) grave
roussi scorched
avoir les nerfs en pelote be
a bit jumpy
griller (*slang*) smoke; get
through

les grimpeurs qui dévissent.

– Je vais vous conduire rue du Gros-Caillou, c'est plus sûr.

Nous partons. J'ai un peu mal au dos. Ce n'est pas tant d'être debout et plié en deux; mais à cause du chien qui me montre les crocs, je suis obligé de rester dans le coin, contre la porte. Celle qui ne ferme plus.

Pour me mettre à l'aise, le chauffeur me fait de la conversation.

– Vous, au moins, vous êtes raisonnable.

– Ah bon ?

– Pas comme mon client de ce matin. Il me dit : « Emmenez-moi à Cochin ». Je lui réponds : « Lariboisière, c'est mieux ». Il insiste : « Cochin ». Il y en a qui sont têtus, c'est pas croyable. Et puis voilà, on roule. Il était debout comme vous, je freine, il perd l'équilibre. Je suis obligé de freiner de temps en temps, non ? Et alors il me passe au-dessus de la tête comme une fusée, et vlan dans le pare-brise, aplati le mec. Je l'ai emmené à Lariboisière, aux urgences. Il ne le regrettera pas.

– Je préfère aller rue du Gros-Caillou.

– C'est d'accord. Avec moi, le client est toujours roi. Toujours. Tenez, l'autre jour, j'attends devant le Ritz, je vois un homme qui arrive, bien sapé, attaché-case et tout. Je me dis: ça, c'est un Roissy, il va à l'aéroport, pas de doute. Il me dit: rond-point des Champs-Elysées. Il se trompait, c'est sûr. L'habitude. Je l'ai emmené à Roissy, je l'ai mis dans l'avion pour les Baléares. Il m'a envoyé une carte postale de là-bas, ravi.

– Je préfère aller rue du Gros-Caillou.

– C'est d'accord. Dites-moi, qu'est-ce que vous pensez de Chirac, vous ?

– Boff...

– Ah, vraiment ? Et Le Pen ?

– Oh! pfff...

– Sans blague ? Et Mitterrand ?

– Oh! alors...

– C'est bizarre, mais le client que j'ai embarqué avant, il avait exactement les mêmes opinions que vous. C'est rare de trouver deux Français d'accord en politique.

– C'est rare, oui.

– Ce qui me tue, moi, c'est l'anarchie. On est bien placé pour le constater : pas deux clients qui veulent aller au même endroit. Chacun suit son idée. Comment voulez-vous qu'on planifie notre travail ? Pour le gouvernement, c'est pareil. L'individualisme ça fout tout par terre. C'est pourquoi, moi, je suis pour la dictature.

– C'est ce qui me semblait.

– La loi égale pour tous, et si tu ne marches pas, directement au trou.

On arrive rue du Gros-Caillou. En payant, je fais remarquer au chauffeur qu'il a brûlé trois feux rouges. J'en ai ma chemise qui sent le roussi.

– Je sais. Depuis que je ne fume plus, j'ai les nerfs en pelote. Alors, je grille un paquet de feux par jour. C'est quand même moins mauvais pour les poumons que la cigarette, non ? Et ça ne dérange personne. »

Marie Claire

1 Vous avez trouvé l'article amusant ou non ?
2 Si oui, qu'est-ce qui vous plaît dans ce genre d'humour ? Le trouvez-vous en effet spécialement français ?
3 Essayez d'écrire deux paragraphes dans le même genre en prenant comme sujet un conducteur d'autobus, un employé des postes ou un agent de police.

3 Dans la tradition de l'humour oral, beaucoup de plaisanteries sont internationales. Est-ce qu'il y un humour oral typiquement français, comme il y a un humour juif, par exemple ? Nous avons demandé à un jeune Français, Norbert Damann, qui travaille dans le cinéma comme assistant régisseur, de nous raconter des plaisanteries qu'il croyait typiquement françaises. En voici quelques-unes – écoutez ...

l'éperon (*m*) spur
l'autel (*m*) altar
le sac à dos rucksack
l'escargot snail
à fond la caisse at full speed
le verglas black ice
interloqué nonplussed ; staggered
se casser la figure smash oneself up

sabler grit (*road*)
le bocal (fish) bowl
fixer stare at
gêner disturb
n'y aie [pas] crainte don't worry about it
impassible impassive ; unconcerned
trépigner dance with fury

1 Les trouvez-vous typiquement françaises, ou en connaissiez-vous déjà quelques-unes en langue anglaise ? Lesquelles ne peut-on pas traduire ? Lesquelles avez-vous trouvées difficiles à comprendre ? Pourquoi ? Lesquelles trouvez-vous peu amusantes ? Lesquelles vous ont fait rire ?
2 Essayez à deux de faire une traduction ou une adaptation anglaise d'au moins une de ces plaisanteries.

4 Le Français n'aime pas les jeux de mots autant que l'Anglais (ils sont tellement plus difficiles à inventer en français), mais l'humour de la déformation de la langue, il l'apprécie. Surtout l'humour qui dépend de la différence, assez importante d'ailleurs, entre la précision et la formalité du français écrit et la négligence, voire l'insouciance de la langue parlée. Un humour d'incongruité. Lisez cet extrait de *Zazie dans le métro* de Raymond Queneau, livre qui a fait fureur à sa première apparition. S'il y a des choses que vous ne comprenez pas, lisez-les à haute voix ...

Doukipudonktan, se demanda Gabriel excédé. Pas possible, ils se nettoient jamais. Y a pas de raison. C'est le hasard qui les a réunis. On peut pas supposer que les gens qu'attendent à la gare d'Austerlitz sentent plus mauvais que ceux qu'attendent à la gare de Lyon. Non vraiment, y a pas de raison. Tout de même quelle odeur.

Gabriel extirpa de sa manche une pochette de soie couleur mauve et s'en tamponna le tarin.

« Qu'est-ce qui pue comme ça ? » dit une bonne femme à haute voix.

Elle pensait pas à elle en disant ça, elle était pas égoïste, elle voulait parler du parfum qui émanait de ce meussieu.

« Ça, ptite mère, répondit Gabriel qui avait de la vitesse dans la repartie, c'est Barbouze, un parfum de chez Fior.

– Ça devrait pas être permis d'empester le monde comme ça, continua la rombière sûre de son bon droit.

– Si je comprends bien, ptite mère, tu crois que

extirper extirpate ; root out
la pochette fancy handkerchief
tamponner dab
le tarin (*slang*) nose

la barbouze (*slang*) beard ; whiskers ; (*also slang for*) secret agent
empester make stink
la rombière (*slang*) hag

ton parfum naturel fait la pige à celui des rosiers. Eh bien, tu te trompes, ptite mère, tu te trompes.

– T'entends ça? dit la bonne femme à un ptit type à côté d'elle. T'entends comme il me manque de respect, ce gros cochon? »

faire la pige à (*fam.*) be one up on

Le ptit type examina le gabarit de Gabriel et se dit c'est un malabar, mais les malabars c'est toujours bon, ça profite jamais de leur force, ça serait lâche de leur part. Tout faraud, il cria:

« Tu pues, eh gorille. »

Gabriel soupira

« Répète un peu voir », qu'il dit Gabriel.

le gabarit dimensions
le malabar (*slang*) hefty brute
lâche cowardly
faraud (*slang*) pleased with himself; self-confident

Un peu étonné que le costaud répliquât, le ptit type prit le temps de fignoler la réponse que voici:

« Répéter un peu quoi? »

le costaud (*fam.*) hulk; beefy type
fignoler (*slang*) polish up

Pas mécontent de sa formule, le ptit type. Seulement, l'armoire à glace insistait: elle se pencha pour proférer cette pentasyllable monophasée:

« Skeutadittaleur... »

l'armoire à glace (*lit.* mirror wardrobe) (*slang*) battleship

Le ptit type se mit à craindre. C'était le temps pour lui, c'était le moment de se forger quelque bouclier verbal. Le premier qu'il trouva fut un alexandrin:

« D'abord, je vous permets pas de me tutoyer.

– Foireux », répliqua Gabriel avec simplicité.

le bouclier shield

foireux (*slang*) coward

Et il leva le bras comme s'il voulait donner la beigne à son interlocuteur. Sans insister, celui-ci s'en alla de lui-même au sol, parmi les jambes des gens. Il avait une grosse envie de pleurer. Heureusement vlà ltrain qu'entre en gare, ce qui change le paysage...

la beigne (*slang*) bash

Raymond Queneau:
« Zazie dans le métro »

1 Que veulent dire doukipudonktan et skeutadittaleur?
2 Qu'est-ce que c'est qu'un alexandrin?
3 Combien d'exemples d'humour basé sur l'incongruité pouvez-vous trouver dans cet extrait?

5 Il y a une longue tradition française de la chanson satirique, souvent politique et de gauche. Le chansonnier le plus connu dans ce genre est Georges Brassens, poète anarchique du Midi qui a épaté la bourgeoisie française pendant vingt-cinq ans de ce siècle. La bourgeoisie a répondu d'une manière désarmante en achetant ses disques en grande quantité. Mais ses chansons n'étaient pas toujours politiques. Beaucoup d'entre elles montraient un sens merveilleux de l'absurde, étant en même temps tant soit peu risquées – autre tradition de l'humour français.

● Écoutez deux fois la triste histoire de la femme du marchand de paratonnerres; puis, avant d'en lire le texte, essayez de reconstruire l'histoire en classe ensemble – qu'est-ce qui arrive, à qui et pourquoi?

L'orage

Parlez-moi de la pluie et non pas du beau temps,
Le beau temps me dégoûte et m' fait grincer les dents,
Le bel azur me met en rage,
Car le plus grand amour qui m' fut donné sur terr'
Je l' dois au mauvais temps, je l' dois à Jupiter :
Il me tomba d'un ciel d'orage.

Par un soir de novembre, à cheval sur le toit,
Un vrai tonnerr' de Brest avec des cris d' putois
Allumait ses feux d'artifice . . .
Bondissant de sa couche en costume de nuit
Ma voisine affolée vint cogner à mon huis
En réclamant mes bons offices :

« Je suis seule et j'ai peur, ouvrez-moi par pitié,
Mon époux vient d' partir faire son dur métier,
Pauvre malheureux mercenaire,
Contraint d' coucher dehors quand il fait mauvais temps
Pour la bonne raison qu'il est représentant
D'un' maison de paratonnerres. »

En bénissant le nom de Benjamin Franklin
Je l'ai mise en lieu sûr entre mes bras calins
Et puis l'amour a fait le reste . . .
Toi, qui sèmes des paratonnerres à foison
Que n'en as-tu planté sur ta propre maison ?
Erreur on ne peut plus funeste !

Quand Jupiter alla se faire entendre ailleurs
La belle, ayant enfin conjuré sa frayeur
Et recouvré tout son courage,
Rentra dans ses foyers fair' sécher son mari,
En me donnant rendez-vous les jours d'intempéries :
Rendez-vous au prochain orage.

A partir de ce jour j' n'ai plus baissé les yeux,
J'ai consacré mon temps à contempler les cieux,
A regarder passer les nues,
A guetter les stratus, à lorgner les nimbus,
A faire les yeux doux au moindre cumulus,
Mais elle n'est pas revenue.

Son bonhomm' de mari avait tant fait d'affair's,
Tant vendu ce soir-là de petits bouts de fer,
Qu'il était d'venu millionnaire
Et l'avait emmenée vers des cieux toujours bleus
Des pays imbéciles où jamais il ne pleut,
Où l'on ne sait rien du tonnerre.

Dieu fass' que ma complainte aille tambour battant
Lui parler de la pluie, lui parler du gros temps
Auxquels on a t'nu tête ensemble,
Lui conter qu'un certain coup de foudre assassin
Dans le mill' de mon cœur a laissé le dessin
D'un' petit' fleur qui lui ressemble.

grincer gnash	**le huis** (*obs.*) door	**faire les yeux doux à** make eyes at
à cheval mounted ; astraddle	**à foison** galore	**aller tambour battant** hustle along
le tonnerre de Brest (*sailors' oath*) timber-shaking storm	**on ne peut plus** so very	**tenir tête à** stand up to
des cris de putois hell of a row	**funeste** deadly	**le coup de foudre** 1. lightning discharge ; thunderbolt ; 2. love at first sight
bondir leap	**conjurer** cope with	**le mille** bull's eye ; centre
la couche (*lit.*) couch	**la frayeur** fright	
affolé panic stricken	**les intempéries** bad weather	
	lorgner ogle	

- L'humour de Brassens vient toujours en partie du contraste entre ce qu'il raconte (des choses banales) et le langage qu'il choisit d'employer (classique, formel, ampoulé). Cherchez autant d'exemples de ce contraste que possible.

6

Les Français adorent aussi les mystifications. *Marie Claire* en a monté par exemple une très élaborée . . . Son reporter Caroline Rochmann a envoyé la lettre à la page suivante à trente des plus célèbres couturiers de Paris.

1 Considérez d'abord la lettre de Caroline. Si vous étiez couturier, et si vous aviez reçu cette lettre, qu'est-ce qui vous porterait à croire
   a qu'elle était authentique ?
   b qu'elle était fausse ?
   Examinez la lettre à deux avec beaucoup de soin et repérez les phrases qui vous sonnent faux :
2 Quelle réponse auriez-vous faite ? Écrivez-la !

Monsieur, infirmière dans un grand hôpital parisien, j'ai secouru, voici quelques mois, un jeune homme gravement blessé lors d'un accident de la circulation. Un chauffard avait en effet renversé sa voiture dans un fossé avant de prendre la fuite. Dès lors, je lui ai rendu visite chaque jour jusqu'à son rétablissement et lui, à peine sorti, me faisait envoyer une superbe corbeille de roses en signe de reconnaissance. Depuis, nous nous sommes revus régulièrement et avons bien vite pris conscience que nos sentiments réciproques dépassaient de beaucoup le stade de l'amitié. C'est ainsi qu'il en vint à me demander ma main, ce qui, vous pouvez l'imaginer, me comble de joie. Seulement voilà; mon fiancé appartient à l'une des plus grandes familles françaises alors que je suis moi-même issue d'un milieu fort modeste (mon père est contremaître, et ma mère vendeuse dans un grand magasin). Très prochainement, pour célébrer nos fiançailles, ses parents organisent une réception dans leur hôtel particulier où beaucoup de gens connus seront présents. Mon bonheur devrait être immense mais ma joie est gâchée car jamais je ne pourrai m'offrir une toilette à la hauteur de la situation et j'aurais bien trop honte d'avoir à demander quoi que ce soit à mon fiancé.

C'est pour cela qu'après bien des hésitations, je prends la liberté de vous écrire. Voici des années que j'admire vos créations, que je rêve devant vos modèles présentés dans les journaux de mode tout en suivant avec satisfaction les différentes étapes de votre succès. Cette passion pour votre style m'a décidée à vous demander un immense service: pourriez-vous avoir la gentillesse de me prêter une robe pour cette soirée exceptionnelle. Je vous promets de vous rendre la robe dès le lendemain matin après avoir pris à mon compte les frais de nettoyage. En souhaitant que ma proposition ne vous semble pas trop audacieuse, je vivrai désormais dans l'espoir d'une réponse favorable de votre part. Dans cette attente, je vous prie de croire, monsieur, en l'assurance de ma plus haute considération... Caroline VAISBAUD

le chauffard hit-and-run driver	**le contremaître** foreman	**la toilette** (special) dress
dès lors from then on	**les fiançailles** engagement	**à la hauteur de la situation** to suit the
le stade stage	**l'hôtel particulier** (large) private	occasion
combler fill	residence	

7

Qu'est-ce que les couturiers parisiens ont répondu à cette lettre de la jeune « infirmière »?

passer call
balbutier stammer

Carven: « Nous ne pouvons vous prêter une robe car, notre collection étant vendue à l'avance, la totalité de nos articles sont retenus par nos clientes... ».

Givenchy: « En l'absence de Monsieur de Givenchy actuellement aux Etats-Unis, nous vous serions reconnaissants de bien vouloir passer nous voir à la maison de couture le plus rapidement possible... » Coup de téléphone à la personne préposée. Une femme adorable essaie de mettre en confiance l'infirmière balbutiante que je suis en me racontant comment Hubert de Givenchy et elle-même « ont été touchés par ma merveilleuse histoire » et que « leur souhait le plus cher est que je sois la plus belle de toute la fête ».

Thierry Mugler: « Nous avons bien reçu votre courrier et vous conseillons de nous appeler pour prendre rendez-vous. A bientôt! » Encouragée, je téléphone à l'attaché de presse: « Ah c'est vous? Comme vous avez bien fait... Mais non, ne soyez pas gênée, c'est hyper sympa comme idée... Vous allez voir, on va vous trouver une tenue sublime, vous pouvez passer cet après-midi? » Traîtreusement, je réponds oui...

D'autres étaient plus méfiants, comme Madame Grès:

en tout état de cause as
the case may be
à titre confidentiel
confidentially

« Avant de répondre éventuellement à votre souhait et de décider en tout état de cause de vous prêter une robe, Madame Grès me prie de vous poser les questions suivantes:
1) A quelle date doit avoir lieu la réception de vos fiançailles?
2) Dans quel hôpital travaillez-vous?
3) Pourriez-vous nous communiquer, à titre confidentiel, le nom de votre fiancé? »

Mais pour la plupart, les couturiers ont dit oui :

Et puis il vient le moment où l'on considère que la plaisanterie a assez duré, où l'on retéléphone pour avouer la vérité…

Nina Ricci : « J'avoue que votre requête m'a beaucoup surpris, nous ne sommes guère habitués à cela… Enfin, venez, nous allons voir ce que nous pouvons faire… »

Louis Féraud : « Une si jolie histoire d'amour ne peut que bien se terminer… Venez nous voir, nous essaierons de trouver une robe pour vos fiançailles. »

Et ainsi de suite – Castelbajac, Dior, Rykiel, Cardin et bien des autres ont dit oui sans hésitation.

- Avant de lire leurs réactions, considérez un instant : comment auriez-vous réagi, vous, dans la position d'un de ces couturiers tombés dans le panneau ? Qu'est-ce que vous auriez dit à *Marie Claire* ? Ça dépend beaucoup, sans doute, de votre opinion des farces de la sorte. Discutez-en à deux, puis rapportez votre réponse à la classe.

8

Voici quelques réactions des couturiers lorsqu'on leur a avoué la vérité :

Pierre Balmain (honnête) : « On s'est dit qu'il fallait faire quelque chose, qu'on ne pouvait pas vous laisser comme ça… mais pourquoi avoir précisé qu'il y aurait des gens connus ? Ça faussait un peu les données en faisant intervenir la publicité là où il ne devait être question que de sentiments… »

Christian Dior : « Je me suis dit : si cette jeune fille n'ose même pas demander une robe à son fiancé, qu'est-ce son ménage va donner plus tard ? Pour être tout à fait franche, je dois vous dire que je tenais à vous rencontrer pour vous juger sur votre bonne mine. Peut-être aurions-nous exigé un chèque de garantie… Tout de même, quelle jolie histoire ! »

Nina Ricci (paternel) : « Ma secrétaire m'a dit : « Monsieur Grindel, vous êtes trop naïf, ça sent le coup fourré à plein nez ! » Ce à quoi j'ai répondu : « Comment pouvez-vous voir le mal partout, nous ne pouvons pas laisser cette pauvre jeune fille dans la peine… » Peut-être nous vous aurions demandé un petit chèque de garantie. »

Hubert de Givenchy (refroidi) : « Monsieur de Givenchy est profondément blessé et refuse d'être photographié. Il ne comprend pas que l'on joue de la sorte avec les sentiments… Son enthousiasme s'est transformé en une grande déception… »

Madame Grès (méfiante) : « Le coup de l'enquête, c'est parce que nous avons déjà été échaudés une fois par une jeune femme qui s'est fait passer pour une journaliste et qui s'est envolée avec une robe drapée que nous lui avons prêtée pour une prétendue couverture de magazine. Depuis, nous sommes plus prudents ! »

Jean-Charles de Castelbajac (navré) : « Je suis horriblement déçu, moi qui me croyait dans un mélange de « Sans famille » et « David Copperfield ». Je le confesse : j'ai pris toute cette histoire très à cœur, elle tranchait tellement avec mon univers quotidien ! »

André Courrèges (beau joueur) : « Sensationnel, votre histoire, on n'a pas marché, on a couru… La lettre a circulé, de bureau en bureau où nous avions toutes le mouchoir à la main… Et puis, pour être tout à fait honnête, je vais vous dire ce qu'on s'est dit : « Si on lui prête la robe cette fois-ci, une fois mariée, elle sera incitée à devenir l'une de nos bonnes clientes… et c'est finalement nous qui serons gagnants. »

Quand on vous dit que la charité finit toujours par être récompensée…

Marie Claire

fausser les données present the facts in the wrong light
le coup fourré trick ; swindle
refroidi chilly
le déception disappointment ; let-down
le coup de the business of
échaudé caught (*lit.* scalded)
navré heartbroken ; woe-begone
le beau joueur good loser ; good sport
inciter tempt

- Si vous n'êtes pas tout à fait contre les farces de cet ordre, essayez à deux d'écrire une lettre pareille à une vedette de tennis française que vous avez vue jouer à Wimbledon. Inventez une histoire pour obtenir une de ses raquettes usées. Attention ! Ne cachez pas le fait que vous n'êtes pas français. Montrez vos efforts à la classe et décidez quelle lettre est la plus convaincante… mais ne l'envoyez pas !

4 Les Français et l'environnement

1

Comment traitons-nous notre planète? Et comment les Français traitent-ils cette partie de la planète où ils habitent? L'Internationale des Amis de la nature réunie à Strasbourg s'est posé la question: Comment assurer la survie…

● Ne lisez pas encore le rapport sur ce congrès, mais prenez une feuille de papier et divisez-la en deux colonnes. Écrivez les mots « pour » et « contre » en tête des deux colonnes, puis écoutez l'enregistrement du rapport. Écrivez des notes dans les deux colonnes sur ce que préconisent les Amis de la nature, et ce qu'ils dénoncent. Il sera sans doute nécessaire d'écouter deux ou trois fois l'enregistrement: prenez vos notes en même temps.

1 Lisez l'article et examinez votre liste. Est-ce que les priorités des Amis de la nature seraient les vôtres?

2 Est-ce qu'il y a des évidences de la pollution dans la région que vous habitez? Quelles sont-elles?

Parmi les menaces qui pèsent le plus directement sur l'environnement, les participants avaient retenu d'examiner la question très actuelle du danger que font courir aux forêts les « pluies acides » qui ont commencé de commettre des ravages dans les Vosges, après avoir frappé les forêts de résineux du sud de l'Allemagne.

Les congressistes ont préconisé un plan de lutte à l'échelle européenne, comportant, entre autres, des mesures anti-pollution coordonnées pour les rejets industriels; le recours croissant à des sources d'énergie non polluantes; la mise en place de politiques efficaces d'économies d'énergie; l'introduction généralisée et rapide des systèmes réduisant la toxicité des gaz d'échappement des voitures, ainsi que l'application des normes américaines en la matière pour les voitures européennes.

Les amis de la nature dénoncent par ailleurs l'intrusion croissante des véhicules à moteur dans les forêts et sites de montagne, causée par la multiplication des voitures tout terrain et la pratique abusive de la « moto verte ». Ils se prononcent pour l'interdiction pure et simple de ce genre de pratiques dans les zones sensibles et protégées, ainsi que pour la limitation de plaisance à moteur sur les lacs et les cours d'eau.

Le Monde

2

Voyons un peu comment quelques-uns de ces problèmes touchent les Français, et l'attitude qu'ils adoptent à leur égard…

La France a de très belles forêts – dans les Vosges, dans le Massif central, dans les Landes, un peu partout. Mais est-ce qu'elles vont rester belles?

Le bois est menacé. Sur toute la surface de la Terre, des rives de l'Amazone aux pentes de l'Himalaya. Du Sahara à l'équateur. A travers toute l'Europe. Et jusqu'en France. On a longtemps cru que le mal qui frappait les forêts allemandes épargnerait notre pays. Mais il a bien fallu se rendre à l'évidence. Il y a trois ans, on s'est aperçu que les sapins des Vosges et d'Alsace étaient à leur tour attaqués. Depuis, l'Office national des Forêts a procédé à un recensement systématique. Le rapport, confidentiel, qu'il vient de remettre au ministre chargé de l'Agriculture et de la Forêt, René

la **langueur** listlessness; decline
l'aiguille needle
le gel frost
l'azote (m) nitrogen
le pot d'échappement silencer
le cuticule cuticle; skin
le composé compound

Suchon, est accablant. Il n'y a pas que les résineux. Toutes les espèces sont touchées. Et tout le territoitre, jusqu'aux Pyrénées.

La forêt n'est pas dévastée, comme par un incendie, elle souffre de langueur, d'anémie pernicieuse. Certains arbres perdent un peu trop vite leurs aiguilles ou leurs feuilles. Ils cessent de grandir. Ils jaunissent. Ils meurent prématurément. Les plus fragiles sont ceux qui ont déjà souffert, dans le passé, de gel ou de la sécheresse et qui en ont gardé des cicatrices.

Les Verts, en Allemagne, accusent les pluies acides, l'industrie lourde, les grosses Mercedes. Mais les choses sont malheureusement beaucoup moins simples. D'abord le déséquilibre est déjà ancien. L'étude des anneaux de croissance du bois montre que l'arbre souffre déjà depuis vingt ou trente ans quand apparaissent les premiers symptômes. Ensuite on n'a jamais pu établir un lien direct entre la maladie et l'acidité des pluies ou l'action d'un polluant déterminé…

C'est que l'atmosphère est le siège d'une activité chimique intense. Les produits qu'on répand réagissent entre eux, se transforment, modifient la composition de l'air. On s'est beaucoup disputé entre experts pour savoir lequel était le plus dangereux pour les plantes, du soufre provenant de la combustion du charbon ou des oxydes d'azote rejetés par les pots d'échappement des voitures. En réalité, le grand coupable paraît être l'ozone, dont ils accélèrent tous deux la production, sous l'effet du rayonnement solaire. L'ozone détruit la cuticule qui protège les feuilles. Leurs cellules se trouvent alors à la merci des composés soufrés ou azotés qui les empoisonnent, des acides qui lavent le potassium et le magnésium nécessaires à leur métabolisme.

Le plus urgent est évidemment de réduire autant que possible les émissions toxiques. Mais il faut également intensifier les recherches, afin de déterminer tous les facteurs qui contribuent à ce dépérissement des forêts européenes et trouver des remèdes à y apporter.

Le Nouvel Observateur

● Alors quelle est la cause de la mort des forêts européennes ? Résumez en vos propres mots et en un seul paragraphe ce qui arrive aux arbres et comment cela se produit.

Pour la plupart du monde la première réaction à ce problème est une réaction directe du cœur. Comme celui d'une classe de 4e, outrée, qui écrit à ce sujet à *Marie France* :

périr perish; be destroyed
le massif stretch; area
les cultures crops
la commodité convenience
se remettre de recover from

Ces arbres indispensables à la qualité de la vie, à la bonne santé, au travail et aux joies sont en train de périr et ce par l'action des humains. Ces arbres qui nous apportent tant de bienfaits, meurent et nous, nous restons aveugles ou indifférents. Pourtant les faits sont là, des forêts, des massifs entiers dépérissent et bientôt ce seront les cultures. Les lacs et les rivières se vident de leur faune et de leur flore. Mais nous, nous ne voulons rien voir, par commodité. L'écologie ne rapporte pas. Ce problème énorme, si nous ne le résolvons pas, engendrera une catastrophe dont l'homme ne se remettra pas.

Une classe de 4e (Bas-Rhin)

● « Il faut résoudre le problème ! » – Oui, mais comment ?
« Il faut intensifier les recherches ! » – Ah oui, voilà ce qu'on crie toujours lorsqu'on n'a aucune idée de ce qu'il faut faire.

Chômage ou pollution – est-ce que c'est là le choix ? Divisez-vous en deux groupes :

Les **A** : Vous êtes pour la suppression de toute cause de pollution : industrie lourde, automobile…

Les **B** : Vous êtes contre des mesures aussi radicales : ce serait l'industrie britannique qui en souffrirait surtout…

Continuez la discussion en classe en soutenant le point de vue de votre groupe.

3　La mort des arbes n'est qu'un aspect de la pollution générale de la nature par l'industrie. Les complexes industriels comportent toujours des risques – non seulement en émettant des déchets toxiques, mais aussi en stockant des produits chimiques ; manque de bon sens, manque de contrôle, erreur humaine … quelle qu'en soit la cause, les résultats d'une fuite de ces produits pourraient être (et à Bhopal, à Seveso, à Flixborough ont déjà été) castastrophiques.

Les Français dorment sur un volcan

Selon une enquête de « Sciences et vie » dans son numéro d'avril, trois cent vingt installations industrielles présentent en France de réels dangers pour la population environnante. Zones les plus menacées : la Basse-Seine et le couloir de la chimie en aval de Lyon qui regroupent près du tiers des établissements à risque.

Depuis la catastrophe de Feyzin, en 1966, toute entreprise présentant un danger pour son environnement est soumise à une autorisation d'exploitation délivrée par le commissaire de la République. Les exploitants doivent produire, au moment de la demande d'autorisation, une étude des dangers. Mais la législation ne suffit pas. Sur cinq cent mille établissements environ soumis en France à cette législation sur les établissements classés, près de trois cent trente représentent un véritable danger. Ils appartiennent essentiellement aux secteurs de l'industrie chimique, parachimique et pétrolière. Raisons de ces carences ? L'étude des dangers établie par l'exploitant lui-même est parfois incomplète … Autre raison des dangers : la rage immobilière et l'inconscience de certains responsables qui ont fait construire des habitations ou des établissements scolaires tout près d'usines présentant un danger. Les exemples foisonnent :

● A la Courneuve (Seine-Saint-Denis), un lycée et une maternelle ont été construits à quelques centaines de mètres de l'usine Primagaz où sont stockés des milliers de mètres cubes de gaz liquifié.

● A Rognac (Bouches-du-Rhône), un promoteur a installé cent soixante logements à quelques dizaines de mètres des réservoirs de l'usine Butagaz.

● A Jarrie (Isère), un collège se construit à moins de deux kilomètres d'une usine chimique.

Une vingtaine de sites industriels ont en France les stocks d'ammoniac les plus importants, supérieurs à 500 tonnes. Plus de la moitié d'entre eux ne respectent pas les distances imposées pour les plus proches habitations.

La plus grosse concentration de produits chimiques stockés, manipulés, transformés, se trouve de chaque côté du pont de l'autoroute A7 franchissant le Rhône. Solaire, Feyzin, Saint-Fons, Belle Etoile, Irigny, Pierre-Bénite : un couloir de la chimie qui pourrait véhiculer la mort.

En Seine-Maritime, dans la zone de Port-Jérome, centre de produits pétroliers, plus de mille poids lourds chargés d'essence, de fuel, de propane, de benzène traversent chaque jour des agglomérations. Le long du Rhin, à l'embouchure de la Gironde et dans des douzaines d'autres points en France, là encore on peut crier danger.

Insouciants à ce qui les menacent, les Français dorment d'ailleurs sans souci sur ces volcans industriels. La simulation d'une fuite d'ammoniac dans une usine de Moselle, organisée en septembre 1985, avait été considérée par les habitants de la ville de Carling comme un énorme gag. Loin de se murer chez eux comme le recommandaient les mesures de sécurité, ils sortirent pour voir, aux premiers appels de sirène. Bilan : deux mille « morts », soit la moitié des habitants de la localité.

Le Parisien

en aval downstream
l'exploitation (f) operation
délivré issued
la carence deficiency ; defaulting
la rage frenzy
immobilier property ; house-building

l'inconscience (f) thoughtlessness
foisonner abound
le promoteur (property) developer
franchir cross
véhiculer carry ; transmit
le fuel fuel oil

l'agglomération (f) built-up area
insouciant à careless of
la fuite escape
se murer stay indoors

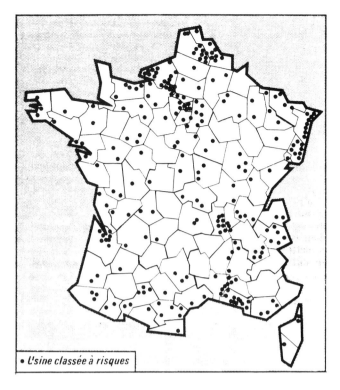

• Usine classée à risques

Lisez l'article et regardez la carte :

1 Où peut-on vivre sans risques en France ?
2 Regardez les régions où il y a une grande concentration de points noirs. Essayez d'expliquer cette concentration pour chaque région.
3 Quelles industries sont les plus dangereuses à cet égard ?
4 Exactement d'où viennent les dangers pour les habitants ?
5 Pourquoi pensez-vous que les habitants sont tellement insouciants ?
6 Que devrait-on faire d'urgence ?
7 Vous êtes un jeune parent vivant à la Courneuve, à Rognac ou à Jarrie. Écrivez une courte lettre au *Parisien* dans laquelle vous vous plaignez de ce qui se passe dans votre ville, tout en expliquant les dangers que cela vous pose, à vous et à vos enfants.

◢ **4** Mais non seulement la terre et l'air sont en danger, les eaux aussi :

Marée noire : ça recommence !

Voilà que ça recommence ! Des pétroliers peu scrupuleux ont de nouveau dégazé leurs soutes en pleine mer, engendrant ainsi de petites marées noires qui ont souillé plusieurs plages de la presqu'île de Quiberon (Morbihan). A moins de trois mois des vacances d'été, cette pollution a suscité un très vif mécontentement chez les hôteliers et les commerçants locaux qui y voient une menace pour la réussite de leur saison estivale.

L'origine de la mini-pollution n'a pas encore été déterminée, mais chacun pense qu'un ou plusieurs bâteaux, en dépit des lourdes amendes qu'ils encourent, ont nettoyé leurs soutes de mazout à quelques miles au large des côtes.

La tempête qui a soufflé tout le week-end de Pâques a rapidement draîné vers les plages des environs de Quiberon, du Pornichet et sur les côtes de Belle-Ile-en-Mer des nappes grasses et noires de pétrole atteignant 10 à 15 centimètres d'épaisseur. Un peu partout, des petites boules de mazout se sont mélangées au sable des plages ou se sont amalgamées sur les rochers.

L'alerte a été donnée dès mardi après-midi. Et aussitôt, les services municipaux ont été mobilisés pour enrayer la pollution. Le plus gros du travail s'effectue à l'aide de pelles et de rateaux. De plus, une pompe à eau à haute pression a été mise en fonction pour décoller les dépôts des rochers.

Sur les côtes du Morbihan et de Loire-Atlantique, on reste donc très vigilant. Des patrouilleurs recherchent les coupables, tandis que de petites embarcations affrêtées par des ornithologues sillonnent la mer en bordure des nappes de mazout pour recueillir les oiseaux englués.

Le Parisien

dégazer clean out
la soute fuel tank
souiller contaminate ; pollute
la presqu'île peninsula
encourir incur ; risk
le mazout fuel oil
au large de off ; at sea from
drainer channel
la nappe slick
le rateau rake
le patrouilleur (naval) patrol boat
l'embarcation (f) small boat ; craft
affrêter charter
sillonner plough (the seas)
englué caught in the oil ; oiled up

« des pétroliers peu scrupuleux »

« qui ont souillé plusieurs plages »

« à moins de trois mois des vacances d'été »

« un très vif mécontentement chez les hôteliers et les commerçants locaux qui y voient une menace pour la réussite de leur saison estivale »

« en dépit des lourdes amendes qu'ils encourent »

« les vacanciers ne devraient pas en souffrir »

« de petites embarcations affrêtées par des ornithologues sillonnent la mer en bordure des nappes de mazout pour recueillir les oiseaux englués »

1 En quoi la dernière citation est-elle différente des autres ?
2 Qu'est-ce qui paraît être la chose la plus importante pour l'auteur de l'article ?

A

Vous êtes reporter du *Parisien*. Interviewez votre partenaire en prenant des notes, puis écrivez un fait-divers sur ce qu'il/elle a dit.

B

Vous êtes ministre de l'Environnement. Qu'allez-vous faire pour éviter la répétition de cette sorte de pollution ?

A

Vous êtes capitaine du bateau qui a vidangé ses soutes de mazout en pleine mer. Essayez de justifier ce que vous avez fait !

B

Vous êtes reporter du *Parisien*. Interviewez votre partenaire en prenant des notes, puis écrivez un fait-divers sur ce qu'il/elle a dit.

5 Mais les plus grands risques viennent des malfonctions possibles associées à l'énergie nucléaire … par rapport à son utilisation militaire ou civile.

L'utilisation civile de l'énergie nucléaire est, paraît-il, très nécessaire pour la France. Elle a très peu de pétrole ou de gaz naturel ; elle a tenté avec la barrière estuaire de la Rance en Bretagne de capter l'énergie enfermée dans les marées, et celle du soleil avec des centres solaires dans les Pyrénées. Malheureusement, cela ne peut pas contribuer sensiblement à la consommation totale d'électricité de l'hexagone. L'hydroélectricité y contribue davantage, mais pour fournir l'énergie nécessaire à ce pays de cinquante-deux millions d'habitants, l'énergie nucléaire paraît être, pour le moment, la seule solution valable. Les dangers en sont évidents, les avantages aussi.

L'utilisation militaire de l'énergie nucléaire pose un problème différent …

1 Vous avez sans doute un point de vue sur les essais nucléaires, pour ou contre. Voici le rapport d'un journaliste sur une explosion nucléaire sous le lagon de l'atoll de Mururoa dans le Pacifique, où depuis 1975 la France a fait ses expériences nucléaires souterraines. Avant de lire cet article, exposez votre point de vue devant la classe, en donnant deux ou trois faits corroboratifs. (Pas de discours ! Deux ou trois phrases seulement : « Je suis pour/contre les essais nucléaires parce que … »)
2 Maintenant, lisez l'article ci-contre, en cherchant des faits ou des arguments qui puissent modifier ou contredire le point de vue que vous venez d'exprimer. Prenez des notes !

Un essai nucléaire, comment ça se passe ?

« J'ai vu exploser la bombe ! »

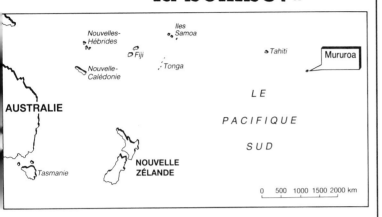

les hauts fonds shallows
le néophyte novice ;
  beginner
le cocotier coconut palm
la consigne order
comptabiliser account for
le compte à rebours
  countdown
échelonner dispose ;
  spread out
la lame de fond tidal wave
la passe channel
forer sink (*a shaft*)
la dégradation damage
le tassement subsidence
le pourtour precincts ;
  periphery
boucher close up
le marteau-piqueur
  pneumatic drill
bouillonner boil ; seethe
percuter strike

Heure H moins vingt secondes. Dans le PC GOEN[1], tous les regards sont fixés sur les écrans de télévision où les bleus carte postale du lagon jouent avec la turquoise des hauts fonds coralliens. J'y écris une légende imaginaire : « Bons baisers de Mururoa », avec l'appréhension du néophyte de voir s'ouvrir en deux le lagon sous l'impact du tir nucléaire imminent.

A 4 heures du matin, le chant des sirènes avait jailli des cocotiers vers un ciel doux et étoilé, sortant de leur lit les trois mille hommes et trente femmes vivant sur l'atoll. Dans la nuit, les haut-parleurs hurlaient en tahitien et en français des consignes de sécurité. Pas question d'échapper à l'appel : si une seule personne n'est pas comptabilisée, le tir est annulé. Il peut l'être jusqu'à une seconde de l'heure H, bien que la dernière demi-heure du compte à rebours soit automatisée. A la deuxième sirène, l'eau coupée m'avait obligé à avaler mon dentifrice ; tous les personnels étaient déjà à leurs postes de travail ou rassemblés sous les plateformes de sécurité en « zone vie » où sont regroupés les habitations et le PC GOEN. Échelonnées sur tout l'atoll, ces plateformes surélevées permettent d'échapper à une éventuelle lame de fond.

Dans le PC GOEN règne un grand calme. Trois secondes, deux, une, ça y est, l'horloge affiche zéro...

La caméra automatique située sur une barge flottant tout près du puits de tir nous renvoie l'image encore calme d'un morceau bleu de lagon. Un hélicoptère qui fait des rondes au-dessus de la zone de tir inscrit sur l'écran voisin une vue plus large du site. La partie émergée de l'atoll, qui fait environ 500 mètres de large dans la « zone vie » où nous sommes, se réduit par endroits à quelques mètres, ruban de corail courant au ras de l'eau et qui dessine, en revenant sur lui-même, une mer intérieure de 10 kilomètres sur 25 kilomètres dans ses plus longues dimensions. Reliée par une passe aux grands fonds océaniques, sa faible profondeur, une quarantaine de mètres au maximum, permet de forer un puits pour procéder aux tirs souterrains. Afin de limiter les risques de dégradation ou de tassement de la couche sédimentaire, seuls les tirs de faible puissance, moins de 10 kilotonnes[2], sont encore pratiqués sur le pourtour de l'atoll, les autres essais sont faits en lagon. Les anciens puits de tir sont bouchés par des dalles de béton. Quand on les survole en hélicoptère, on a l'impression que l'atoll a couvert ses blessures de sparadrap...

Un grondement monte des entrailles de la terre. J'ai l'impression d'être assis sur un marteau-piqueur. Le PC GOEN entre en vibrations, malgré des « pattes » antisismiques. L'image calme du lagon disparaît sous une colonne d'eau qui jaillit vers le ciel et retombe sur elle-même en bouillonnant. Ce phénomène de geyser est dû à la formidable onde de choc qui, remontant du puits, percute l'eau dans sa partie supérieur. Le phénomène est

le prélèvement test-sample
le maillon link
s'écouler elapse
la coupe (champagne) glass

purement mécanique, et à aucun moment l'eau n'est en contact avec des matériaux radioactifs. En permanence des prélèvements sont faits dans l'océan, le lagon, l'atoll lui-même, et dûment analysés. On n'a rien trouvé qui soit imputable aux tirs souterrains. Les Services mixtes de sécurité biologique restent très vigilants et surveillent en permanence tous les maillons de la chaîne alimentaire, allant jusqu'à analyser les tomates, qui ont la propriété de fixer le césium.

Une douzaine de secondes peut-être se sont écoulées avant que la terre ne se rendorme. Le geyser continue à noyer l'écran, mais déjà, des coupes de champagne circulent dans le PC GOEN. On porte un toast à Mururoa, « l'île du secret » en mahori...

[1] *GOEN: Groupement opérationnel d'expérimentation nucléaire. PC militaire, c'est de là que part l'ordre de tir.*
[2] *1 kilotonne: énergie équivalent à 1 000 tonnes de TNT.*

Le Nouvel Observateur:
Marine BOYER

1 En classe: en utilisant vos notes, expliquez comment et pourquoi l'article a confirmé ou modifié votre point de vue sur les essais nucléaires en général.
2 La Nouvelle Zélande maintient son opposition aux essais nucléaires français pour des raisons que la France regarde comme purement politiques. La France pour sa part est convaincue de la nécessité de ses essais à Mururoa et de leur innocuité sur l'environnement et sur la santé des populations polynésiennes. Est-ce que votre point de vue sur ces essais français est différent de celui que vous venez d'exprimer sur les essais nucléaires en général? Pourquoi/pourquoi pas?

 6 Mais en fin de compte, l'environnement, pour chacun de nous, c'est surtout ce petit coin du monde où on habite et où on travaille. Depuis longtemps l'environnement des grandes villes s'est dégradé, et 'a fuite vers la campagne et la banlieue extérieure n'aide pas leur renouveau, en France comme ailleurs. Que faire de ces grosses tranches de nos cités où l'industrie est morte et où personne ne veut plus habiter? A La Villette la municipalité de Paris a trouvé une réponse très française – les vouer à la culture...

le zénith high point; (*here*) auditorium
paysagé landscaped
l'animation (f) entertainment
la serre greenhouse; conservatory
le pôle centre of attraction

Grâce à un programme de rénovation et de construction mené tambour battant par plusieurs équipes d'architectes et d'urbanistes, La Villette, quartier populaire du nord de Paris, prend un nouveau visage. Cet espace de 55 ha devient une véritable cité des loisirs et de la culture de demain. Vous pourrez visiter un musée des Sciences, des Techniques et des Industries avec planétarium, salles de découverts des sciences et techniques pour les 5 à 11 ans, centre de documentation... Une Géode, sphère d'acier poli de 36 m de diamètre pouvant accueillir 360 spectateurs, une librairie, un magasin audio-vidéo, etc. Dans le parc: un théâtre, un zénith réservé à des spectacles et 2,5 ha d'espaces paysagés ainsi que des animations permanentes: le cirque de Grüss, l'Ecole du cirque, un poney-club, enfin un jardin de détente et plusieurs serres. La « Halle aux Bœufs », construite en 1867 par Jules de Merindal, est devenue La Grande Halle. Les architectes ont restauré la structure métallique ancienne, et conçu des façades entièrement en glace. Cette grande halle, qui peut accueillir 16 000 personnes, est l'un des principaux pôles d'animation. Au programme: danse,

l'internat (m) boarding school
appelé à destined to

cinéma, concerts, théâtre, fêtes et festivals. La cité de la musique, quant à elle, regroupera un institut de pédagogie musicale, une galerie d'instruments de musique avec expositions permanentes et temporaires, un auditorium, une salle de concerts, des hébergements pour jeunes musiciens, un internat pour les élèves mineurs du conservatoire. Témoignage des prouesses architecturales contemporaines, La Villette est appelée à devenir un des grands pôles culturels de demain.

La Maison de Marie Claire

● D'accord ou non ? Commentez ces points de vue possibles sur ce grand pôle culturel de demain :

— Mais c'en est trop ! Qu'est-ce qu'un internat a à faire avec un planétarium, un centre de documentation technique avec un poney-club ?

— Il nous faut des emplois plutôt que des cirques. On aurait dû y bâtir des usines.

— Formidable pour les voyous, tout ça ! Des hectares de béton et des touristes par milliers.

— C'est encore une fois la folie des architectes qui veulent bâtir des choses hyper grandioses !

— Mais pourquoi bâtir tout ça si loin du centre ?

— Un musée des Sciences, une « Géode »... et voilà que le café du coin a fermé. C'est la bourgeoisie qui s'empare de notre quartier à nous. Comme d'habitude.

7 Ce n'est pas la première fois que la ville de Paris a essayé de renouveler un quartier devenu délabré en y construisant un centre de culture. Le Centre Pompidou à Beaubourg, quartier populaire lui aussi, a été construit en 1969 et est rapidement devenu célèbre. Mais pas seulement à cause de son architecture contemporaine, à ce que dit Jean-Louis Pradel dans cet article de L'*Événement*. A cause de sa pollution urbaine aussi...

Les poubelles font le siège du Centre Pompidou

Chaque jour un peu plus, le centre Pompidou, monument de France le plus visité, paraît une citadelle culturelle dans un « enfer d'animation ». Avant comme après avoir goûté aux délices d'une carte culturelle et artistique d'une richesse exemplaire, soumise au flux et au reflux d'un renouvellement permanent, ce château de verre, protégé par une armée de vigiles, n'accueille que les rescapés d'une sinistre et bruyante cohue qu'elle abandonne, après un petit tour réconfortant, à un périlleux tumulte qu'il s'agit de fuir au plus vite.

Le quartier piétonnier qui entoure Beaubourg décourage irrémédiablement le plus courageuse velléité de flânerie. Main sur la poche, sac serré sous le bras, il s'agit de franchir le front des cracheurs de feu de service, les rangs serrés de gratteurs de guitares amplifiées, d'encombrants camelots, de tristes caricaturistes ou griffonneurs de poulbots chassés, pour cause de médiocrité, de la place du Tertre, d'hurlants limonaires répétant à satiété le même rengaine en toc, l'envahissement de la chaussée par un stationnement sauvage de plus en plus ostentatoire et la progression aussi sournoise qu'inexorable des terrasses de fast food et autres friteries.

Aux tenaces effluves de grail-

le flux et le reflux ebb and flow
réconforter comfort
la velléité impulse
le cracheur de feu fire-eater
de service duty (*adj.*)
encombrant obstructive ; getting in the way
le camelot hawker
le griffonneur sketcher (*pejorative*)
le poulbot street urchin
le limonaire barrel organ
en toc cheap
sournois underhand
la friterie fried food establishment

lon s'ajoutent celles d'un quartier de Paris devenu tout entier décharge publique, poubelle de la plus grande concentration de boîtes de bière et de Cola que ne cessant de remuer des coups de pied aussi vengeurs qu'aventureux. Bien que parasité par un mobilier urbain pléthorique qui en fait le centre d'exposition permanent du matériel Decaux, sillonné par l'incessante course d'étranges petits véhicules verts de la Propreté de Paris qui y trouvent un champ d'exercice à toute épreuve, traversé de temps à autre de débonnaires agents de la force publique rédigeant méticuleusement quelques PV hasardeux, il semble que chaque jour se reserre un peu plus ce cercle d'enfer urbain qui isole le Centre Pompidou.

le graillon greasy fat
la décharge rubbish dump
remuer move : stir up
vengeur vengeful
aventureux venturesome
parasité de lousy with ; crawling with
le mobilier urbain street furniture
pléthorique superabundant
le matériel Decaux Decaux products
(*Jean-Claude Decaux, manufacturer of street furniture, including super-loos*)
à toute épreuve never-failing
le PV = le procès verbal

L'Événement du jeudi

1 Ce style est littéraire plutôt que journalistique. En travaillant ensemble, et à l'aide de votre professeur, expliquez ou paraphrasez en vos propres mots :
  – un enfer d'animation
  – les rescapés épuisés d'une sinistre et bruyante cohue
  – la plus courageuse velléité de flânerie
  – franchir le front des cracheurs de feu de service
  – chassés, pour cause de médiocrité, de la place du Tertre
  – un stationnement sauvage
  – des coups de pied aussi vengeurs qu'aventureux
  – un mobilier urbain pléthorique

2 Il y a sans doute un coin de votre ville qu'on a bâti ou rebâti avec confiance et espoir mais où l'environnement est ensuite devenu insupportable. Faites-en une description pour un(e) ami(e) français(e), expliquez les causes de la dégradation et exposez ce qu'il faut faire, à votre avis, pour améliorer la situation.

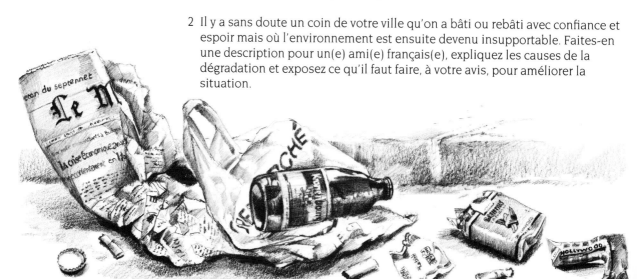

8

En France il y a beaucoup d'associations qui essayent d'améliorer l'environnement à la campagne et en ville. Écoutez d'abord Françoise Normand, secrétaire administrative de la fédération française des Amis de la nature (dont on a déjà parlé dans cette unité) ; et ensuite Lucienne Geraads, trésorière et vice-présidente d'une association qui s'occupe des problèmes du piéton à Paris : « Le Piéton dans la ville ».

● Écoutez le premier enregistrement, puis résumez par écrit ce que dit Françoise Normand. A-t-elle raison de dire que les Amis de la nature ne sont pas contre tout, à votre avis ?

rayonner be spread	**l'afflux** (*m*) influx
le détritus rubbish	**le papier gras** waste paper

● Écoutez ce que dit Lucienne Geraads au sujet de l'environnement parisien. Elle nous parle
  – des chiens
  – des terrasses de café et des autres encombrements du trottoir
  – des zones piétonnes
  – des voitures et du stationnement
  – de la rocade
La classe se divisera en cinq, et chaque partie de la classe prendra un des thèmes de Lucienne Geraads. On écoutera l'enregistrement (autant que nécessaire), et chaque individu prendra des notes sur le thème assigné. Puis, en classe, en utilisant le tableau noir, on reconstituera la substance de ce qu'a dit Mme Geraads au sujet des problèmes du piéton à Paris.

la reconquête repossession	**relever** raise
se déverser relieve itself	**la rocade** orbital road
la crotte droppings	**désenclaver** disenclose ; free
l'éventaire (*f*) (street) stall	**le banlieusard** suburbanite
moyennant on payment of	**le maréchal** field-marshal
le justificatif proof of purchase	**aérer** ventilate

5 Les règles du jeu : comment se comporter

1 Autre pays, autre mœurs. Lorsqu'on est en France on se comporte un peu différemment de ce qu'on fait lorsqu'on est chez soi. Au plus simple, on sait qu'on va devoir manger son fromage avant son dessert. Mais ce n'est pas toujours si simple que cela. Dans cette unité nous allons parler des bonnes manières, des coutumes, des superstitions, des snobismes des Français ... ou de certains Français.

Commençons par la table, point de renommée de la France. La politesse de la table est un peu différente de chez nous ; mais comme tout, elle aussi a évolué. Considérez l'histoire de la France à table qui suit ...

● Choisissez chacun une période différente, lisez la partie de l'article qui se rapporte à cette période, prenez des notes, puis racontez à la classe en trois ou quatre phrases les grandes lignes du développement de la table française pendant ce temps. Répondez, si vous pouvez, aux questions supplémentaires que vous posera la classe.

Les périodes sont :
– le temps des Gaulois (jusqu'au premier siècle avant J.-C.)
– l'ère gallo-romaine (du premier siècle avant J.-C. jusqu'au quatrième siècle après J.-C.)
– le Moyen Âge
– de la Renaissance au XVIIIe siècle
– de la Révolution à nos jours

NOS ANCÊTRES LES GAULOIS

l'argile (f) clay
l'écuelle (f) bowl
vendéen of the Vendée (*region in western France*)
déguster enjoy
la chope tankard
la terre cuite (coarse) pottery

Ils vivent dans des huttes rondes en partie souterraines, faites de bois et d'argile. Nos ancêtres ignoraient l'usage de la pierre dans la construction.

Un voyageur, Pasidonius, nous décrit leur mode de vie : « *Ils mettent du foin sous eux et mangent sur des tables peu élevées au-dessus de la terre battue.* » Ces tables grossières sont souvent creusées, sur tout leur pourtour, de creux servant d'écuelles (on trouvait encore au début du XXe siècle des tables identiques, dans quelques maisons du marais vendéen). On mange avec les doigts, en s'aidant d'un couteau, une nourriture variée et abondante. On boit de la bière, pour la conservation de laquelle les Gaulois ont inventé le tonneau. Les riches se régalent de vin importé d'Italie que l'on déguste dans des gobelets en argent, alors que la bière est versée dans de grandes chopes en terre cuite.

LES GALLO-ROMAINS

pimpant spruce ; spick and
span
le coffre chest
détrousser dispossess
reprendre ses droits
reclaim its rights
le tréteau trestle

Partout des maisons pimpantes aux cuisines spacieuses remplacent les huttes gauloises ; les plus riches ont même une salle à manger avec carrelage au sol et mosaïques sur les murs. La vaisselle en céramique et les verres font fureur, et aussi armoires, coffres, chaises et fauteuils. L'alimentation ne change guère, car la cuisine romaine, compliquée à l'extrême, mariant tous les saveurs, n'a pas de succès. Pour la boisson il en va différemment : partout on plante la vigne, et le vin détrousse la bière ; il est si bon qu'on exporte à Rome les meilleurs crus.

Hélas, le déferlement des barbares devait ruiner cette abondance et cette prospérité. C'est seulement des siècles plus tard que la table reprend ses droits, mais la salle à manger gallo-romaine a disparu ; elle ne réapparaîtra qu'aux XVIIIe et XIXe siècles : jusque-là on mangera toujours dans la cuisine ou, pour les plus riches, dans des salles de réception (l'équivalent de nos salons) ou même dans la chambre pour les repas plus intimes, et dans chaque cas on dressera la table sur des tréteaux.

UN FESTIN AU MOYEN AGE

la salle d'apparat state
room
la longière communal
table-napkin ; 'runner'
le/la convive guest ; table
companion
le dressoir sideboard
la fontaine water cistern
ciseler chase ; engrave
le chandelier candlestick
la nef (obs.) ship
le seigneur lord (of the
manor)
l'épice (f) spice

La table est dressée dans la salle d'apparat, aux murs ornés de tapisseries, au sol de terre battue, couvert de paille l'hiver, de feuillage l'été. Une grande nappe blanche toujours pliée en deux la recouvre, et, par souci de propreté, on lui rajoute une « longière » qui la borde et sur laquelle les convives s'essuient les mains. Un peu avant le début du repas, on apporte en grande pompe le dressoir sur lequel sont présentés vaisselles d'or, d'argent ou de cristal abondamment ciselés, auxquels s'ajoutent parfois les plus beaux vases, chandeliers et même bijoux du maître de maison. Egalement apportée avec solennité, la « nef » est installée au haut bout de la table, à la place du seigneur : ce bel objet d'or en forme de bateau contient tout ce qui est nécessaire au repas du maître, couteau, cuillère, sel et épices. Ce déploiement de richesse contraste avec la pauvreté du couvert. Une cuillère par convive, pas de couteau, chacun apporte le sien, pas de fourchette, sauf chez les plus raffinés à partir du XIVe siècle, encore n'a-t-elle que deux dents et sert seulement à piquer les morceaux dans le plat pour les poser devant soi. Pas de verres sur la table : quand on a soif, on fait signe à un domestique qui apporte aussitôt un gobelet de vin.

DE LA RENAISSANCE AU XVIIIe SIÈCLE

le mets dish (of food)
une revanche something
to make up for
le service course
relever de depend on
jouer back

Si la cuisine du Moyen Age est une accumulation de mets, comme une revanche sur la famine toujours menaçante, tout change avec la Renaissance et l'arrivée à la cour de Catherine de Médicis. Cette gourmande épouse de Henri II apporte de son Italie natale le goût d'une cuisine raffinée. La cuisine française ainsi renouvelée deviendra la première d'Europe.

Sous le règne de Louis XIV, l'étiquette est reine. Dresser la table et servir à manger relèvent de règles précises. Un repas à la cour ou dans les grandes maisons qui suivent la mode, comporte obligatoirement trois services dont chacun est à lui seul un repas.

Au XVIIIe siècle, l'essor économique de la France coïncide avec de nouvelles habitudes alimentaires : on veut se régaler certes, mais on ne veut pas s'alourdir l'estomac. Une cuisine nouvelle apparaît qui joue la qualité plutôt que la quantité. Les aliments ne sont plus amalgamés au hasard, mais traités pour eux-mêmes en respectant leur goût, souvent souligné par de petites sauces légères où triomphe le champagne, l'invention du siècle.

LE RÈGNE DU RESTAURANT

se bousculer throng
certes admittedly
l'hôte (*m.*) (*f*: **la hôtesse**)
  guest
quasi virtually
richissime (*fam.*) very rich
le romancier novelist

A la Révolution, les grands seigneurs se retrouvent en exil, en prison ou guillotinés. Leurs cuisiniers, désormais sans emploi, ouvrent des restaurants de qualité où l'on se bouscule : c'est là que régnera désormais la grande cuisine jusqu'à notre époque. Pendant tout le XIXᵉ siècle, ce sera chez les particuliers le règne de la cuisine bourgeoise, savoureuse certes, mais pour qui le raffinement signifiera automatiquement complication. Une exception, la table de Talleyrand où triomphe le célèbre Antonin Carême, la meilleure table de France assurément sous le Premier Empire (Napoléon expédiait ses repas en quelques minutes et ne se souciait jamais de ce qu'on lui servait).

Un peu plus tard, Escoffier triomphait à son tour au restaurant du Ritz. Mais, hélas, toutes les tables n'étaient pas celles du Ritz, et les banquets monstrueux que la Troisième République à ses débuts offrait à ses hôtes princiers brillaient plus par la longueur des menus et l'accumulation des plats que par l'invention. Il faudra attendre les exploits d'un chef comme André Guillot, quasi inconnu du grand public, d'abord cuisinier du richissime romancier Romain Roussel, puis restaurateur, pour retrouver une table digne de celle du XVIIIᵉ siècle. Après lui une équipe de chefs vedettes a repris le flambeau, toujours au restaurant...

Journal Marie France

● Nécessité, confort, ostentation ... ou autre chose ? Qu'est-ce qui caractérise la table anglaise de nos jours comme vous la connaissez ? Et l'attitude des Français à leur table – la trouvez-vous bien différente de l'attitude des Anglais à la leur ?

2 Est-ce que les Français se comportent bien en général ? Et les jeunes surtout ? Voici deux arrière-grand-mères françaises qui discutent du comportement des jeunes. Vous n'allez peut-être pas partager leurs opinions !

élevé (properly) brought up
chez le chausseur at the
  shoe shop
minable pitiful
la gifle slap (in the face)
le tortionnaire torturer
blasé indifferent ; bored

1 La première qui parle s'appelle Simone. Qu'est-ce qui lui paraît important dans le comportement de son petit-fils ? Cela vous paraît-il important aussi ?
2 La seconde s'appelle Jeannette. Qui est responsable, selon elle, des mauvaises manières des jeunes ? Quand est-ce que cela commence ?

3 Qu'est-ce qu'on faisait, selon Jeanette, par rapport à la nourriture lorsque ces dames étaient jeunes ? Vous trouvez bien de faire cela ?

4 Qu'est-ce qui est arrivé à Simone à vingt ans ? Est-ce que cela démontre combien les jeunes de sa génération étaient obéissants ?

5 Quel contraste Jeannette voit-elle entre l'attitude des jeunes de sa génération et celle des jeunes d'aujourd'hui ? Qu'est-ce qu'il faut surtout, selon elle, pour rendre ceux-ci heureux ? Seriez-vous d'accord ?

6 Quelle est la réaction de Jeannette à l'idée que les parents des gens de sa génération étaient des tortionnaires ? Quelle est votre réaction à ce que disent ces deux dames en général ?

3 La France n'est peut-être plus le pays très catholique qu'elle était, mais néanmoins les fêtes qui ponctuent l'année des Français et qui sont presque toutes de nature religieuse, sont toujours célébrées avec beaucoup d'enthousiasme. On va à la messe, et ensuite on mange, on boit, on danse…

Nous avons demandé à Nicole Rueg et à sa sœur Anne-Marie de nous parler des grandes fêtes de l'année, de janvier à décembre. Voici une liste des fêtes dont parlent les deux sœurs. Prenez des notes sur ce qu'elles disent sur chaque fête, puis écrivez-en un résumé (une seule phrase par fête) sous le titre « Les fêtes françaises ».

le réveillon (de la Saint-Sylvestre)
la fête des Rois
la Chandeleur
le Mardi gras
Pâques et la fête des Rameaux
l'Ascension et la Pentecôte
le premier mai
la fête de la Victoire
le quatorze juillet
le quinze août (la fête de la sainte Vierge)
la Toussaint et la fête des Morts (1 et 2 novembre)
le jour de la Saint-Nicolas
la fête de Noël

mi-païen half pagan
les Rois mages the Magi
la crèche crib
déshérité deprived
la fève broad bean
la galette round flat cake
les relevailles de couches recovery from childbirth ; 'churching'
la chandelle (tallow) candle
le rameau branch
pascal paschal ; Easter (*adj.*)
le buis box (type of wood)

bénir bless
de l'année last year's
le muguet lily of the valley
les corps constitués the official bodies
le char tank
la blindée armoured car
le lampion Japanese lantern
la coque hull
la gourmandise something special (to eat)
le chausson slipper

4 Par tradition, le premier janvier, le jour de l'an, on envoie des vœux de nouvelle année à ses amis, à sa famille. Aujourd'hui on les écrit de moins en moins : avec le téléphone, c'est tellement plus facile. Mais s'il y a quelqu'un qui continue la coutume des vœux écrits, ce doit être un écrivain de profession. En voici deux, Nicole de Buron et François Nourissier, qui écrivent à ceux qui leur sont les plus chers : Madame de Buron, à sa famille, et Monsieur Nourissier... à son chien.

Avec mes remerciments pour l'an passé...

...A l'homme de ma vie qui s'est égaré toute une journée – et moi avec – dans la forêt de Fontainebleau sous prétexte qu'il y faisait des jeux de piste à douze ans.

...A ma Fille Aînée bien-aimée qui a réussi à faire le tour du monde sans qu'aucune de ses lettres ne me parvienne : il semblerait qu'il y ait eu un complot international des postes contre elle et moi.

...A ma Petite Chérie qui a magnifiquement loupé son baccalauréat et m'a persuadée que c'était un examen « ringard » où les personnalités les plus brillantes du siècle avaient échoué.

...A Petit Garçon qui, à dix ans, refuse de venir chez moi à la campagne sous prétexte qu'il n'y a pas de filles.

...A mon cher éditeur qui m'envoie si gentiment, pour ma fête, une monstrueuse boîte de chocolats qui me fait prendre trois kilos que je ne reperds jamais : je n'ose pas la réoffrir à quelqu'un d'autre au cas où il y aurait sa carte à l'intérieur.

...Aux gens qui n'arrêtent pas de parler au cinéma, m'empêchant d'entendre le film et m'insultant quand je dis « chut ! » poliment.

...Au fonctionnaire anonyme qui envoie tous les trois mois un contremaître portugais défoncer ma rue au marteau-piqueur.

...A toutes les rédactrices de mode des magazines féminins qui choisissent toujours des mannequins qui ont vingt-cinq ans et quinze kilos de moins que moi et présentent superbement des vêtements que je ne peux envisager de porter (je n'ai même pas le courage de les regarder).

...Au monde entier qui pèse quelquefois si lourd sur les épaules de Dieu et plus modestement sur les miennes.

Tous mes souhaits pour une merveilleuse nouvelle année.

Nicole de Buron

s'égarer get lost ; lose one's way
le jeu de piste treasure hunt
le complot plot
louper (*slang*) mess up
échouer fail
la fête saint's day ; name day

A mon chien...

Je te souhaite, mon chien, de la neige l'hiver, mais où l'on n'aura pas répandu le sel qui brûle les pattes ; du soleil l'été, mais des villages où ne seront pas taries les fontaines ; des copains en abondance dans le grand enclos de la Muette, mais pas trop de loups convulsés par les fantasmes guerriers de leurs maîtres ; des jardins d'où ne te chasseront pas les coups de sifflet des gardiens ; des promenades parisiennes que ne gâcheront pas les aboiements des humains, les trémoussements des joggers, les moulinets des porteurs de parapluie, les protestations des mères quand tu t'apprêtes à donner à leur enfant un coup de langue. Je te souhaite, mon chien, des os juteux de moelle, de bonnes rotules de veau bien rondes, et même de voler impunément, ici où là, un bout de filet saignant, une tranche de quatre-quarts. Je te souhaite en somme, égoïstement et généreusement, de me garder longtemps pour maître, car je suis résolu à te rendre au centuple le bonheur que tu me donnes.

François Nourissier

tarir dry up
le loup=le chien-loup
le trémoussement jigging up and down
le moulinet flourish
juteux juicy
la moelle marrow
la rotule de veau knuckle of veal
impunément with impunity
saignant underdone
le quatre-quarts Madeira cake
au centuple a hundredfold

● Composez vos propres vœux, sérieux ou moins sérieux, pour ceux que vous aimez ou pour ceux que vous n'aimez pas tellement...

le pépin (*fam.*) hitch

Le Parisien

Nous, on n'est pas superstitieux. Les autres oui, mais pas nous. Évidemment, on prend des précautions, mais superstitieux, ça non.

Les Français peuvent être superstitieux, eux aussi. Qu'est-ce qu'ils font, qu'est-ce qu'ils évitent de faire ? *Cosmopolitan* vous offre des possibilités étonnantes ; cette jeune coiffeuse française à qui nous avons parlé vous en offre d'autres. Lisez d'abord l'article, puis écoutez notre enregistrement.

GUIDE PRATIQUE DE LA CHANCE

On le sait, un fer à cheval dans sa poche vaut mieux qu'un miroir brisé à ses pieds. Mais, touchons du bois, il existe bien d'autres façons d'apprivoiser la chance : croiser un idiot, cracher, éternuer, recevoir des fleurs, trouver une paire de gants ou un clou. Et malheureusement il existe autant de façons de la faire fuir : perdre son alliance, dire son âge, casser une bouteille d'huile, renverser une chaise, jeter du persil, dire « je vais très bien ». Et si la journée s'annonce catastrophique, filez aux toilettes et remettez vos sous-vêtements à l'envers pour renverser le destin ou semez des haricots sur la moquette en criant « les démons dehors, le bonheur dedans ». Mais arrêtez de dire « merde » la veille des examens, ça n'influence pas les résultats. En revanche, marcher dedans reste une valeur sûre...

— *Cosmopolitan*

le fer à cheval horseshoe
apprivoiser tame
croiser cross the path of ; meet
cracher spit
éternuer sneeze
le clou nail
l'alliance (*f*) wedding ring
le persil parsley
(la) merde (*vulg.*) (=*excrement*) blast it
une valeur sûre a positive asset ; a sure thing

Vocabulaire de l'enregistrement
l'émeraude (*f*) emerald
l'araignée (*f*) spider
le chagrin sorrow
la Cène Last Supper
à l'envers upside down
tapisser (wall)paper
la dernière servie last in line

1 Considérez chacune des superstitions dont on fait mention dans l'article de *Cosmopolitan*. Combien en connaissez-vous ?
2 La coiffeuse qui vous parle en connaissait très peu – est-ce que les superstitions sont toujours très personnelles ?
3 Est-ce que les superstitions dont parle cette jeune femme vous sont connues ?
4 Est-ce que ce qu'elle en dit justifie sa crédulité ?
5 Et vous, êtes-vous superstitieux ? Racontez vos propres superstitions. Pouvez-vous les justifier ?

6 Nos actions ne sont pas toujours gouvernées par la raison. Ce n'est pas nécessairement question de superstition : on peut agir assez curieusement par . . . snobisme. Voici une revue de « *Haut de gamme : l'art de vivre à la française* », ouvrage collectif (et très BCBG) préfacé par la comtesse de Paris.

Chic, et pratique

Ce livre n'est pas seulement charmant, il est surtout terriblement utile. D'abord, pour ses détails pratiques : où convient-il d'acheter sa canne, son melon et ses gants pour le Grand Prix ? Comment placer quatre ambassadeurs à sa table, ou s'adresser au patriarche de Constantinople ? Ensuite, pour ses conseils plus pointus : cet été évitez Salzbourg, allez au festival de Santa Fe et abandonnez vite le luth pour le shakuhachi ! Enfin, pour ces questions métaphysiques : faut-il être ou ne pas être dans le Bottin mondain ? Proust lirait-il le *Figaro-Magazine* ? Vous louerez l'esprit cavalier, en compatissant à la dégradation du tennis et des voyages en chemin de fer, mais vous vous rassurerez en constatant que vous avez raison de manger votre pâté avec une fourchette. Vous apprendrez qu'il est inconvenant de garder vos lunettes quand vous parlez à quelqu'un, dussiez-vous même ne pas le distinguer (la comtesse de Paris tient cette information de son papa). Bref, sur toutes les règles qu'il faut absolument connaître avant de les transgresser, ce qui est, bien entendu, le fin du fin.

Le Figaro Magazine

convenir de be advisable to	**l'esprit cavalier** easy wit
le melon bowler	**compatir à** be concerned about
plus pointu sharper ; more specific	**la dégradation** deterioration
le luth lute	**inconvenant** ill-bred
le Bottin mondain = *Who's Who*	**le fin du fin** the ultimate ; the ne plus ultra
louer praise	

● Les snobismes sont toujours absurdes : on donne de l'importance à ce qui n'a pas d'importance pour se sentir supérieur aux autres. On dit que les Anglais sont beaucoup plus snobs que les Français. Est-ce vrai à votre avis ? Trouvez-vous snobs les Français que vous connaissez ?

7 Souvent (pas toujours peut-être ?) le snobisme relève d'un système de distinctions basées sur des différences de classe. Mais pas toujours. Nous avons questionné Vincent Oudin, qui vient de terminer ses études à l'école Polytechnique ; nous lui avons demandé si le snobisme existe en France.

1 Écoutez l'enregistrement et faites une liste des snobismes dont parle Vincent. Que dit-il de chacun ? (Quand paraît-il, en quoi se manifeste-t-il ?)
2 Trouvez-vous des différences entre ce qu'il dit sur le snobisme en France et ce que vous avez aperçu vous-même en Grande-Bretagne ?

par l'intermédiaire de via
marginalisé peripheral ; unimportant
restreint à restricted to
la particule particle (*the 'noble' de in a family name*)

8 Mais le plus grand snobisme de tous, c'est celui du vin. Vous ne le croyez pas ? Lisez donc Jacques Puisais, président de l'Association nationale des œnologues...

faire du pied à (*slang*) play footsie with
gouleyer (*fam.*) have a big mouth
avoir la belle jambe (*fam.*) strut about ; show off
l'œnologue (*m*) wine expert
traiter au mieux treat as kindly as possible
la dégustation tasting
rustaud uncouth
le calice bowl (of glass)
non tannique low in tannin
ovoïde ovoid ; egg-shaped
la dominante chief characteristic
la moustille sparkle
la peluche fluff
la cire wax ; polish
le pruneau prune
le rafraîchissoir wine cooler
l'étagère (*f*) (wine) rack
le goulot neck (of bottle)

Comment faire du pied à son verre de vin

Si c'est pour dire d'un vin qu'il gouleye ou qu'il a une belle jambe, le silence est préférable. D'ailleurs avant de s'attaquer au vocabulaire, conseille Jacques Puisais, président de l'Association nationale des œnologues et créateur de l'Institut du goût, il convient de traiter le vin au mieux de sa dégustation, de lui donner le décor qui lui convient. Le verre d'abord. Qui ne doit être ni rustaud, ni pédant. A jambe fine et calice délicat. Légèrement ballon pour les vins non tanniques, plus ovoïde pour les vins à dominante tannique, franchement ovoïde allongé pour les vins à moustille. Rincé à belle eau, essuyé sans peluche et rangé dans un placard, calice en haut, pour qu'il ne s'imprègne pas de l'odeur de cire ou de bois quand ce n'est pas de poussière. Rempli selon son vin pour qu'il y prenne l'espace et la couleur qui conviennent à chacun : à demi pour les vins rouges, aux deux tiers pour les vins blancs. Sur des nappes qui n'en tuent pas la couleur. Jamais de bleu : le vin blanc y devient bleu-vert, le rosé gris bleu, le rouge jeune pruneau et le vieux violet. Le blanc convient sauf aux rosés et le choix est bien subtil. Que dire des tire-bouchons, des rafraîchissoirs, des étagères (les alcools doivent être debout), des bouchons ? Saviez-vous que le bouchon des Vouvray sec ne doit pas dépasser d'un goulot de plus de 5 millimètres ?

Signature

Et on n'a même pas encore goûté au vin !

Si on peut écrire comme ça au sujet du vin, pourquoi pas au sujet de l'eau ? Après tout, les Français prennent leur eau très au sérieux... Ils en achètent des quantités en bouteilles au supermarché.

● Vous êtes président(e) de l'Association nationale française des aquaphiles (siège social : le petit village d'Oô, dans les Pyrénées). Essayez d'écrire un petit guide de l'eau, aussi snob que possible – quand et comment la boire, les différentes qualités, questions de verre, de température, de pétillement, avec ou sans glaçons... Où garder son eau, ce qu'on mange avec les différentes eaux, les eaux imbuvables d'outre-mer. Allez-y : un nouveau snobisme est né !

6 Paris et les Parisiens

1 Tout le monde connaît Paris, même si on ne l'a jamais visité. Tout le monde a son propre Paris, le Paris de son cœur… Pour une fois, le Secrétariat d'état au Tourisme n'exagère pas tellement en parlant de cette ville capitale paradigme de toutes les villes capitales…

De retour à Tokyo – à Lille, à Marseille – à Hambourg ou à Manhattan, tous ceux qui ont effleuré Paris en conservent la nostalgie. Ou, plutôt, mille nostalgies.
Le Quartier Latin au petit matin… Une flânerie dans les Tuileries… Au Marché-aux-Fleurs, une heure de bonheur… Voyez-vous, Paris ne se décrit pas: il s'effeuille comme une fleur. Quartier par quartier. Et, pour le connaître vraiment, il faudrait y passer vingt ans: une année par arrondissement! Montparnasse fleure encore la vie de bohème. Sur sa butte, Montmartre cultive sa vigne et vénère son vieux Moulin.
Galant homme, le digne faubourg Saint-Germain escorte la Seine jusqu'à… la Chambre. Au Palais-Royal, Paris frappe les trois coups. Mais à Pigalle, la canaille!, il fait les quatre cents coups…
Dans la langueur de l'été, au soir du 14 juillet, tous ces Paris-là font la fête. De la Concorde au bois de Vincennes, les rues dansent la farandole sur des airs d'accordéon. Lorsque s'embrase la tour Eiffel, la ville-lumière s'amuse. Non, vraiment, Paris ne se raconte pas: il se respire comme un parfum. Celui de la liberté…

Cet été la France

s'effeuiller shed its petals
fleurer smack of
le galant homme (*obs.*) gentleman

frapper les trois coups start the show
la canaille scoundrel
s'embraser catch fire

● Ça, c'est votre Paris ou non ? Vous savez ce que c'est, le Quartier Latin, les Tuileries, le Marché-aux-Fleurs, Montparnasse, le moulin de Montmartre, le faubourg Saint-Germain, la Chambre, le Palais-Royal, Pigalle, la Concorde, le bois de Vincennes ? Vous savez où ça se trouve ? Chaque individu d'entre vous, non, mais la classe dans son ensemble, oui peut-être. Sur un plan de la ville esquissé sur le tableau noir ou le rétroprojecteur, marquez tous ces monuments, endroits, bâtiments dont on parle et expliquez ce qu'est chacun d'eux.

▌ 2

Mais Paris a ses coins inconnus qui valent la peine d'être visités. Les arènes de Lutèce, par exemple. La capitale des Parisii, tribu gauloise, se situait sur cette île facile à défendre au milieu de la Seine que nous appelons l'île de la Cité. Après l'arrivée des Romains elle est devenue au cours du premier siècle ap. J.-C., Lutetia, ville gallo-romaine. C'est par conséquent que, complètement inattendues derrière les bâtiments délabrés du dix-neuvième siècle de la rue Monge, se cachent les restes des arènes romaines, petites, complètement déplacées et visitées par très peu de

touristes. Pas loin de là est la mosquée de Paris, bâtiment imposant et digne d'Istanbul ; on y entre, et on est aussitôt transporté dans un autre monde, mais qui nous rappelle la minorité importante musulmane à Paris.

Encore moins connus sont une statue américaine sur la Seine et un vignoble qui existe encore ... à Montmartre.

A

Lisez le premier article (sur la statue de la Liberté) deux fois, sans prendre des notes ; puis fermez le livre et expliquez à **B** de quoi il s'agit.

B

Ne lisez pas l'article ! Écoutez ce qu'en dira **A** une fois qu'il/elle l'aura lu. Prenez des notes sur ce qu'il/elle dit, en posant des questions supplémentaires si vous voulez.

A

Ne lisez pas le deuxième article mais une fois que **B** l'aura lu, écoutez ce qu'il/elle en dira et prenez des notes, en posant des questions supplémentaires si vous voulez.

B

Lisez le deuxième article (sur le vignoble) deux fois, sans prendre des notes ; puis fermez le livre et expliquez à **A** de quoi il s'agit.

Les deux : Écrivez tout ce que vous savez du contenu de l'article qu'a lu votre partenaire. Montrez ensuite votre version à votre partenaire et corrigez-la à deux, en essayant d'établir si les fautes et les lacunes (s'il y en a !) remontent à son explication ou à votre manque de compréhension de cette explication !

A *Lisez cet article !*

le lifting face-lift
le coffrage shuttering
friser be getting on towards
l'obus (*m*) shell
le socle plinth

Lifting
pour la liberté

Que se passe-t-il donc sous le coffrage qui emprisonne depuis plus d'un mois cette pauvre statue de la Liberté sur l'île des Cygnes, au pied du pont de Grenelle ? Sept maîtres-artisans y travaillent, protégés ainsi des intempéries. Car la Liberté, qui frise les cent ans, avait besoin d'un lifting. Blessée à la tête et à l'épaule droite par un obus en 1944, l'eau s'est engouffrée et la rouille a commis ses méfaits. Il était temps d'intervenir.

Offerte par la communauté américaine de Paris en 1885, cette statue de près de 10 mètres de haut (sans son socle), réplique de l'œuvre de Frédéric-Auguste Bartholdi, est 5 fois moins grande que sa sœur new-yorkaise qui subit actuellement, elle aussi, une restauration complète.

Paris Magazine

B *Lisez cet article !*

La fête des vendang à Montmartre

IL EST LOIN, le bon vieux temps où l' dégustait, dans les estaminets des villag de Paris, le petit vin du cru local ! L tentacules de la ville ont arraché les vignes, le remplaçant par des rues, des immeubles, des parkings... Et le vin a disparu de la capitale à la fin du siècle dernier.

Disparu, vraiment ? Pas tout à fait. A l'ombre de la basilique du Sacré-Cœur, sur la butte Montmartre, au coin de la rue des Saules et de la rue Saint-Vincent, une surprise vous attend : la dernière vigne de Paris ! Un lopin de terre de 1 800 mètres carrés où l'on cultive 3 247 ceps de chasselas de Thomery et 3 ceps de Morgon. Chaque année la récolte produit 500 bouteilles de vin clairet, le "clos Montmartre". Les vendanges ont lieu le premier samedi d'octobre.

Ce jour-là, tout Montmartre est en fête !

Distance

les vendanges (*f*) wine harvest
l'estaminet (*m*) (*N. France*) pub
le lopin patch ; plot
le cep vineplant
le chasselas type of grape
le clairet light-red wine (*not claret* !)

---

3 Montmartre était un petit village sur une colline, et aujourd'hui, en dépit des touristes, des fast-food, des « artistes » de la place du Tertre, il lui reste toujour un certain air de village. Il y a un siècle seulement le Paris que nous connaissons était toute une série de villages, et le vrai Parisien était encore un sorte de villageois. Au fond il le reste...

Lui c'était une lueur d'ironie qu'il avait dans les yeux... presque constamment. Il appartenait à une race aujourd'hui en voie de disparition... le Parisien, le vrai de vrai que se définissait surtout par une attitude générale devant l'existence... un air de se foutre de tout, les autorités, les croyances, les coups du sort ou de la justice... Rien n'est très sérieux, ni très urgent. Ça traîne un peu la savate comme sa façon de jaspiner. Il est le roi de son royaume et ça ne va jamais plus loin que le bout de sa rue. Tout vient de la rue et tout y meurt. Plus de rues... des tours infernales, des espaces verts, des cités prétendues radieuses... le Parisien disparaît. Les derniers survivent vieillis, aigris, hargneux, en exil sur leur propre bitume.

Alphonse Boudard: « Le café du pauvre »

le vrai de vrai the genuine article
se foutre de (*vulg.*) not care a damn about
la croyance belief
le sort fate
traîner la savate be down at heel
jaspiner (*slang*) talk ; chatter
radieux radiant ; radiating
aigri embittered
hargneux cantankerous
le bitume asphalt ; (*here* 'patch'

- En substituant « le Londonien », « l'habitant de Newcastle » – ou l'habitant de n'importe quelle grande ville que vous connaissez – pour « le Parisien », est-ce qu'on change beaucoup à ce que dit Boudard ? Dans un paragraphe de la même longueur que celui de Boudard, décrivez ce « nouveau citadin » d'une grande ville que vous connaissez.

 – Est-ce que ce qu'il dit est vrai de nos jours pour les habitants de toutes les grandes villes ?

 – Si c'est vrai, c'est pour tous les habitants, ou pour quelques-uns seulement ? Lesquels ? Ils habitent quelle partie de la ville ?

 – Si cette race est en voie de disparition, comment est la nouvelle qui lui prend le relais ?

4 Comment connaître le vrai Paris ? C'est peut-être le touriste qui y voit plus clair que le Parisien : celui-ci doit vivre les changements quotidiens et n'en voit pas de près l'ensemble. Cela est encore plus vrai si le touriste est francophone et vient visiter souvent. Et si, par-dessus le marché, ce touriste est de langue natale française, et observateur, comme le poète canadien Hédi Bouraoui...

Lisez d'abord l'article, d'un seul coup.

Pèlerinage à Paris

avoir un goût de revenez-y (usually food) be more-ish

se vouloir claims to be
le tape-à-l'œil the flashy
le chic trick; knack
savamment intentionally
tourner en rond go round in circles

du terroir local

Paris : ça a goût de revenez-y ; et j'y reviens chaque année m'y retremper. Et Paris, pour tous ceux qui parlent et vivent la langue française, ce n'est pas un luxe, mais une nécessité.

10 décembre
L'aéroport de Roissy se veut moderne, dépassant de luxe celui de Kennedy à N.Y. Les Français ne peuvent pas souffrir que les Américains soient en avance sur eux en aucun domaine. Aussi, s'efforcent-ils toujours de faire mieux et plus grand. Ils ont ce désir du tape-à-l'œil qui montre leur prouesse certes, mais ils ont aussi le chic de l'organisation spatiale : la forme circulaire est ici savamment exploitée pour vous faire tourner en rond, pour l'amour de tourner !

Sur l'autoroute, à peine sorti de l'aérogare, c'est le bouchon. Paris n'est pas fait pour ces innombrables voitures qui vont dans toutes les directions. Dans toutes les rues, larges ou étroites, elles sont stationnées à moitié sur le trottoir, à moitié sur la rue. Ce qui fait qu'il y est presque impossible de marcher à l'aise. Heureusement qu'il y a des parcs et des jardins, tel celui du Luxembourg.

Un ami français me fait remarquer que l'avenue de l'Opéra est « envahie » par les Japonais : « Tout change ! ». Le Français moyen n'aime pas les étrangers ; il est xénophobe. Et pourtant, Paris est une véritable ville cosmopolite où toutes les cultures se côtoient. Je dirais même que ces visages de toutes les couleurs, c'est ce qui humanise la ville et lui insuffle sa chaleur.

11 décembre
Chaque quartier parisien a sa personnalité, son style et son rythme, ses couleurs et ses odeurs. Mais son cœur, c'est le marché qui s'érige dans certaines rues et disparaît à heures fixes. Ici, c'est à rue Buci qu'on trouve les étalages de poisson frais, de charcuterie et de volaille, de fleurs et de légumes, de produits laitiers et de bric-à-brac. Personne ne peut rivaliser avec les Français pour l'art d'exhiber la « bouffe ». Tout est présenté pour vous inciter à acheter les pommes du Canada ou les saucisses du terroir, le jambon de York ou la moutarde de Dijon.

pulser throb	Au petit déjeuner: café au lait, croissant, bout de baguette, beurre, confiture... et des voix parlant anglais... pas un mot de français sauf celui d'un Vietnamien serveur qui me demande le numéro de ma chambre. Si ce n'était l'atmosphère des tables aux nappes rouges et des poutres de bois vieillot au plafond, on se croirait à Toronto.
impudemment shamelessly	
la luciole firefly	

Au petit déjeuner: café au lait, croissant, bout de baguette, beurre, confiture... et des voix parlant anglais... pas un mot de français sauf celui d'un Vietnamien serveur qui me demande le numéro de ma chambre. Si ce n'était l'atmosphère des tables aux nappes rouges et des poutres de bois vieillot au plafond, on se croirait à Toronto.

Temps gris et maussade. Ciel lourd et plombé. Temps parisien. Quand le pâle soleil hivernal se montre furtivement entre deux nuages et se met à caresser la Conciergerie, la pierre pulse sa vie. Le soir, les projecteurs puissants des bateaux-mouches sur la Seine balaient impudemment les deux rives, tout s'embrase et s'éteint comme de gigantesques lucioles.

14 décembre

le boyau bowel
tamponner knock about
géant giant
le soulard (*slang*) drunk
l'obole (f) coin; contribution

La vie parisienne est inconcevable sans métro. On vit une bonne partie de la journée dans ces boyaux où l'on est interpellé, bousculé, où l'on sent toutes les odeurs possibles et imaginables. Les corps pressés, tamponnés, parfois agressés et volés.

Voix du Métro aux heures de pointes: « Les voyageurs doivent faire attention à leurs sacs, à leurs portefeuilles, à leurs bijoux. Méfiez-vous des pick-pocketeurs. Méfiez-vous... des voleurs à la tire si vous préférez! Vous avez des voleurs à l'intérieur du train ».

Malgré ces inconvénients, le métro parisien est un des meilleurs du monde, sinon le meilleur. C'est aussi tout un monde qui y déferle parlant presque toutes les langues, un monde d'affiches géantes vantant produits à consommer et spectacles à voir, un monde avec ses clochards et ses soulards, ses musiciens quêteurs d'oboles, ses voleurs à la tire et ses mendiants. Il est un tiers de la mentalité « métro, boulot, dodo ».

15 décembre

on a beau connaître
    however well you know
s'ingénier à make an effort
    to
la boulimie (*med.*) morbid
    hunger
l'air du temps the mood of
    the times

On a beau connaître Paris, il y a toujours des choses à découvrir. La ville s'ingénie à requérir votre attention. Comme c'est la période des Fêtes, les illuminations vous époustouflent de leur virtuosité. Boulimie des achats de Noël. Frénésie des choix. Chaque vitrine expose son génie de présentation et de goût; vous avez l'eau à la bouche: entrez! Vous avez envie de ce walkman (ici baladeur): achetez... et isolez-vous des passants importuns, enfermez-vous dans votre cocon de musique, tapez des pieds ou rythmez de vos mains... l'air du temps.

20 décembre

la bouderie sulkiness
la rancune grudge;
    resentment
le miroitement shimmer
à force de by dint of;
    through constant ...
le joyau jewel

Paris vivant à toutes les heures, c'est presqu'un crime d'aller se coucher. Il faut profiter de toutes ses pulsations, toutes ses humeurs, sa bouderie et ses rancunes, ses illuminations et ses douceurs.

Le soir donc, je suis allé profiter de la lumière des projecteurs sur la pierre. Quelle merveille, cette illumination qui coupe le souffle. Vous commencez par les quais de la Seine, vibrez au miroitement de l'eau qui tremble à force de caresses lumineuses. Puis, Notre-Dame glorieuse... Et l'île Saint-Louis, ses hôtels particuliers et ses ponts, le quai aux Fleurs, l'Hôtel de Ville, la Tour Saint-Jacques, le quai de l'Horloge et l'imposante Conciergerie.

Ses trois tours donnent un contour inimitable aux jets de lumière, rendent féerique la vue de ces murs qui ont vu des milliers de prisonniers ou de condamnés. C'est peut-être la mort qui embellit ou l'histoire atroce des malheurs qui réveille notre sympathie. En tout cas, le joyau de Paris, c'est la Conciergerie.

tronquer truncate
l'amoncellement (*m*)
   accumulation ; heap
la feraille scrap iron
la ripaille (*fam.*) revelry ;
   blowout
exigu cramped

Veille de Noël

    Après la fièvre des achats, Paris déserte. Un brouillard épais tronque la Tour Eiffel, devenue triste amoncellement de feraille sans forme. La ville se vide d'un seul trait. Mort des rues jusqu'à demain, tout le monde est rentré chez-soi. Seule voix, la messe de minuit et après la ripaille en famille... puis le sommeil du juste.

    Jour de Noël, la ville est si triste qu'on a envie de pleurer. Seuls quelques touristes perdus animent pâlement deux on trois bistros ouverts. Tout est fermé. Il faudra attendre le soir pour que la ville reprenne son souffle et que les vendeurs de crêpes surgissent de par derrière leurs comptoirs exigus. Soudain, comme par miracle, les rues s'animent de nouveau...

Liaison

1 Dessinez deux colonnes avec « pour » et « contre » en tête. Notez brièvement (deux ou trois mots par point suffisent) tout ce que dit Bouraoui pour et contre la ville capitale. En générale, voit-il positivement ou négativement le lieu de son pèlerinage annuel ?

2 Qu'est-ce que le fait d'être Canadien contribue à son point de vue ? Est-ce qu'il remarque des choses auxquelles un Anglais par exemple n'aurait pas fait attention ?

3 Il y a beaucoup d'indications dans le texte que l'auteur est Canadien, si on ne l'avait pas déjà su. Quelques-unes sautent aux yeux, d'autres sont moins évidentes. Cherchez-les.

4 Est-ce que Bouraoui est heureux d'être à Paris ? Sera-t-il plus heureux plus tard d'y avoir été ? Pourquoi ?

5 Bouraoui est un poète : pour lui la tour Eiffel dans le brouillard, c'est un « triste amoncellement de feraille sans forme ». Trouvez-vous ses descriptions poétiques ou non ? Justifiez votre point de vue.

5 Peut-être que les Parisiens voient différemment leur ville ? Nous avons parlé avec Lucienne Geraads, qui habite Paris depuis presque cinquante ans. Voici ce qu'elle pense, elle, du quartier où elle habite ; écoutez trois fois cet enregistrement en prenant des notes ; puis, à deux, faites un résumé écrit de tous les changements dans l'arrondissement dont parle Mme Geraads.

vétuste decrepit
s'en ressentir feel the effects of it

6 Autre point de vue : celui des étrangers vivant à Paris. *Paris Magazine* a parlé avec cinq correspondants étrangers, observateurs professionnels de la capitale...

● Choisissez un correspondant ! Chaque correspondant doit être représenté par au moins un étudiant.

    Renseignez-vous sur votre propre correspondant en prenant des notes, et regardez les questions qu'on pourrait vous poser (ces questions suivent).

    Présentez-vous ensuite à la classe qui vous questionnera sur vos opinions concernant Paris et les Parisiens. Répondez autant que possible suivant les notes que vous avez faites sur le texte, mais là où il y a des lacunes, inventez des faits, des opinions qui vous paraissent probables et soutenables par le personnage que vous personnifiez.

Voici des sujets possibles de questions. Ce sont seulement des suggestions – pas tous les correspondants auront des réponses à toutes vos questions. N'hésitez pas à poser des questions supplémentaires.

> Son nom – son pays – son journal – où il/elle habite à Paris – ce qu'il/elle pense de son quartier – ce qu'il/elle trouve bien à Paris, ce qu'il/elle y trouve moins bien – ce qu'il/elle aime surtout y faire – ce qu'il/elle pense des Parisien et des Parisiennes – ce qu'il/elle voudrait bien faire à Paris avant de partir.

Comment les correspondants étrangers voient les Parisiens.

« Paris est une ville un peu somnolente, mais ce n'est pas une reproche »
Ronald Koven « Boston Globe » Etats-Unis

la baffe a blow ; a shock
mettre sur le compte de put down to
la grasse matinée lie-in
aller chiner go junk hunting

Né à Paris, d'un papa français mais maman américaine et élevé outre-Atlantique. Revient en France pour le *Washington Post* en 1977. Aujourd'hui correspondant du *Boston Globe*, le plus grand quotidien de la Nouvelle-Angleterre, il se dit « partagé mentalement entre les États-Unis et la France ». A son retour en 77, c'est la baffe, il retrouve les Parisiens tristes et méchants : « J'ai mis ça sur le compte d'une frustration né de 68 ». Depuis il s'est habitué à la Tour Montparnasse, à la Défense et aux voies sur les berges. « Pompidou a marqué tout de sa « sensibilité artistique » . . .

« Lorsque je me promène dans Paris j'en ai l'impression physique ». Il aime le quartier Latin, « sauf Saint-Germain, trop touristique », et le Centre Beaubourg : « Une grande réussite, malgré ce que je vous ai dit sur Pompidou ». Il retournera peut-être aux Etats-Unis un de ces jours mais il regrettera « la vie, le rythme ici. Par rapport à New York, Paris est une ville un peu somnolente, mais ce n'est pas une reproche ». Il regrettera aussi la liberté des débats d'idées, leur qualité, les « jeux intellectuels » de ses amis parisiens. « Ici on peut se permettre de remettre en cause les idées dans leurs fondaments ». Il tentera encore d'oublier les bistrots du samedi soir, les . . . « brunchs à l'américaine » bien parisiens de fin de grasse matinée dominicale. Et il ne pourra plus « aller chiner le dimanche porte de Vanves et puis aller déjeuner dans un bistrot du coin ».

« Le parisien est un Italien de mauvaise humeur »
Louis-Bernard Robitaille « La Presse » Canada

avoir à (sa) charge have responsibility for
imprévisible unpredictable
la croix et la bannière the very devil of a job

Le représentant de *La Presse*, gros quotidien de Montréal, a 39 ans, et pas de famille à charge. Deupis douze ans à Paris, il vit dans le Marais, son quartier de prédilection. « Il y a un vrai problème d'appartements ici, on n'en trouve pas et si on en trouve, c'est trois fois plus cher qu'à Montréal. Ce n'est pas nouveau : quand je suis arrivé á Paris en 72, c'était déjà comme ça ».

Ce Nord-Américain raconte qu'il a mis plusieurs mois pour comprendre « le mode de travail à Paris. De mon point de vue, c'était n'importe quoi, complètement imprévisible. Des portes s'ouvrent très facilement, on obtient les interviews qu'on veut, ailleurs c'est la croix et la bannière et ça n'a rien à voir avec l'importance des gens, leur rôle effectif. Par exemple, ce sera plus facile d'obtenir une interview de Fabius que d'un obscur haut fonctionnaire ».

Autre sujet d'étonnememt : le fonctionnement des relations hommes-femmes. « A Paris, vous avez un mode d'approche beaucoup plus « social », classique. Il n'y a pas de drague d'inconnu à inconnue, il faut être présenté ». Les femmes ici, il les divise en deux catégories : « La parisienne est ou bien très sexy, très mode, ou elle fait dans le style concierge, un peu la perpétuation de la tricoteuse de la Révolution française ». Quant au Parisien, « c'est un Italien de mauvaise humeur » dit Robitaille. « Il est soucieux de sa personne, de sa forme, aime faire le malin ». Surtout, « c'est un ambitieux ». A Paris, les relations sociales, la carrière jouent un très grand rôle.

Ce qu'il ferait absolument avant de partir ? « Le bateau-mouche, la Tour Eiffel aussi... Je crois que je me taperais un resto trois étoiles, la Tour d'Argent, ou le Vivarois... et je retournerais au musée Picasso. »

« *Le ciel de Paris peut changer douze fois en une journée* »
Bruno Crimi « Panorama » Italie

Bruno Crimi, depuis treize ans à Paris, d'abord pour *Tempo* puis pour *Panorama*, le plus gros hebdomadaire italien, vit « naturellement dans le seizième ». « Je suis un adepte de ce quartier, c'est le plus confortable, le plus résidentiel » explique cet Italien de quarante-six ans qui « s'est toujours senti très francophile ».

Il juge cependant le Parisien « très névrosé, plutôt arrogant, souvent tiraillé entre ses racines provinciales et son être citadin, pas très convivial sauf devant la bouffe ». La bouffe ici, Crimi apprécie beaucoup. « Lorsque je suis arrivé, j'étais ravi ; je pouvais manger des cuisines exotiques de tous les pays, à chaque coin de la rue. A l'époque, en Italie, pour manger un couscous il fallait partir à Tunis ». Autre souvenir, plus négatif celui-là : « J'avais une voiture immatriculée en Italie, j'étais une victime privilégiée de cette arrogance de l'automobiliste parisien ».

Pour parler de la Parisienne, il paraphrase de Gaulle : « Une femme sûre d'elle et dominatrice, très snob » dit-il en observateur privilégié de son seizième favori. Il a beaucoup d'amis ici mais ne se sent pas tout à fait parisien : « La preuve, je reste à Paris le week-end ». Il flâne du côté des jardins de Bagatelle, du bois de Boulogne, du canal Saint-Martin.

S'il devait partir, il prendrait un mois pour visiter le Louvre. Et regretterait, avant toute chose, le ciel de Paris. « J'adore absolument le ciel de cette ville, il est unique au monde, pas normal. Il peut changer douze fois en une journée ».

« *Paris écrase les êtres faibles* »
Randa Takieddine « An-Nahar Arab report » Liban

Depuis onze ans, basée à Paris, elle se balade partout en Europe pour son hebdomadaire libanais, spécialisé dans les questions économiques. Randa Takieddine a 35 ans, elle vit dans le VIIe et rêve d'un superbe appartement donnant sur le Champs de Mars ou sur la Seine. Fascinée par « la beauté de la ville, son côté paisible », elle s'habitue mal à « l'agressivitié des Parisiens : ils sont très râleurs et sauf exception pas très gentils ». A part quatre ou cinq intimes, elle a d'ailleurs peu d'amis parisiens. La Parisienne ?

« Elle est insatisfaite, toujours pressée et se pose beaucoup de questions sur elle-même. C'est l'antithèse de la Méditerranéenne ». Un goût prononcé pour les valeurs sûres : Randa Takieddine adore Saint-Germain, la rue de Seine, les brasseries chics et chaudes. Elle n'a pas du tout envie de quitter Paris : « Chez moi c'est la guerre... Ici je suis dans une belle ville paisible, la vie y est naturelle ». Pas de menace de bombardement à chaque coin de rue. « Mais on doit quand même être assez fort, solide. Paris vous écrase si vous êtes un être faible ».

« Le Parisien est près de ses sous, d'une élégance moyenne, mais très spirituel et il s'exprime très bien »
Michel Perlman « Milliyet » Turquie

S'installe dans les années soixante, après avoir épousé une Française. Vit aujourd'hui en famille dans le XVIIIe arrondissement, correspondant bien en place du quotidien d'Istanbul. Premières impressions parisiennes, il y a vingt-cinq ans : « Tous ces ouvriers accoudés au zinc, très tôt le matin, qui buvaient du rouge. En Turquie, quand on a soif, on va boire un verre d'eau ! ». Perlman cependant apprécie « tous ces petits bistrots du coin, même si je ne suis pas un pilier ». Il se souvient aussi avoir noté, à la lecture de la presse parisienne, le nombre d'enfants martyrs recensés aux rubriques des faits divers... Les Français seraient-ils de mauvais parents ? Michel juge en tout cas la Parisienne comme une petite personne « coquette, assez bougonne, qui ne se prend pas pour de la merde ». Il regrette l'absence, dans la rue, de ces créatures de rêve « qu'on voit uniquement dans les magazines ». Le Parisien, lui, « est très près de ses sous, d'une élégance moyenne » mais il est « très spirituel et s'exprime très bien ».

Perlman adore « la place de la Concorde la nuit. C'est comme un grand salon bien éclairé, qui me fait toujours le même effet ». Ce qui l'a frappé récemment ? « Le climat de racisme qui se développe à Paris, au détriment des Français d'ailleurs ». Lui qui a « besoin de contacts humains » regrette le leitmotiv du moment (« on va perdre notre identité nationale ») : « C'est dans toutes les bouches, surtout dans les milieux populaires »...

Il n'aime pas cette pollution urbaine d'un nouveau type... Paris doit rester gai, avec « les Champs la nuit, l'atmosphère de Saint-Germain, tout ce climat de la ville ».

Paris Magazine

▌ 7

En dépit de tout, des critiques des étrangers, des jalousies des gens de province, en dépit des Parisiens eux-mêmes peut-être, Paris reste la ville la plus passionnante du monde. Pourvu qu'elle reste... Ce petit fait-divers de *Paris-Magazine* vous donne à réfléchir. La prochaine fois qu'on descend à la gare du Nord, est-ce que Paris sera toujours là devant vous ? Ou ne verra-t-on qu'un énorme lac sombre où sonnent sous les eaux les cloches engouffrées de Notre-Dame ?

Ne lisez pas encore l'article, mais écoutez-le *une fois seulement* ; puis, en classe, ensemble, essayez d'expliquer avec autant de détails possibles exactement de quoi il s'agit.

Lisez ensuite l'article pour savoir si vous aviez bien compris le contenu de la version parlée.

Aurons-nous les pieds dans l'eau cet hiver ? Le système de barrage qui, en amont de Paris, nous protège des crues de la Seine, pourra-t-il remplir totalement son rôle ? Le plus important de ces réservoirs, le barrage Marne (qui fait baisser de soixante centimètres le niveau d'eau à Paris), présente d'importants signes de faiblesse le long de ses dix-huit kilomètres de digues de terre. Des fissures sont apparues, résultats du vieillissement prématu-ré des digues et des économies faites lors de leur construction de 1970 à 1975.

Résultat : une facture de 96 millions de francs de travaux étalée sur trois ans et partagée entre l'État et les collectivités locales. Pour limiter les conséquences, les travaux se dérouleront en dehors des périodes de crues et les responsables espèrent pouvoir utiliser, en attendant, les 4/5 des capacités de retenue.

Paris Magazine

7 La femme française

« Les hommes ne sont irremplaçables nulle part, sauf dans la vie privée. Je suis persuadée que le temps joue avec nous. »

Édith Cresson, Ministre de l'État

1

La femme française est sans doute plus émancipée qu'elle ne l'était. Plus de 9 millions de femmes françaises travaillent : elles représentent plus de 44 % de la population active. De plus en plus elles prennent des métiers considérés « d'homme » ; en 1984, seulement 4 % des diplômes d'ingénieurs étaient décernés à des femmes ; en 1986 cette proportion est passée à 20 %. Mais... 64 % des chômeuses sont des jeunes filles de moins de 25 ans ; il n'y a toujours que 28 femmes sur 491 députés ; on dénombre aussi 900 000 mères seules. Yvette Roudy, ancien ministre des Droits de la femme, interviewée par *Marie France*, dresse l'inventaire des injustices qu'elle voit :

- Les femmes sont concentrées dans un certain nombre d'emplois.
- Elles exercent des emplois non qualifiés.
- Elles rencontrent plus d'obstacles pour obtenir une promotion.
- Elles ont des emplois plus instables (notamment beaucoup de CDD : contrats à durée déterminée).
- Elles représentent plus de 80 % des salariés à temps partiel dans le secteur privé.
- L'emploi féminin est en hausse, ne cesse de s'accroître, mais le chômage reste plus important pour les femmes.
- La différence de salaire est toujours de 30 %.
- Enfin, il y a également des problèmes culturels, notamment la transmission du nom et aussi la question de la terminologie, car le langage n'est pas neutre : il reflète une situation.

Journal Marie France

1 Dans quels emplois vous attendez-vous à voir des femmes ? Dans quels emplois les voit-on peu ou jamais ? Pourquoi, à votre avis ?
2 Quelles sont les raisons du grand nombre de femmes qui travaillent à temps partiel ? Quelles en sont les conséquences ? Est-ce qu'on devrait essayer de modifier le statut du travail à temps partiel ? Comment pourrait-on le faire ?
3 Partout dans le monde il y a une différence de salaire entre hommes et femmes. Comment l'expliquez-vous ? Peut-on la justifier ?

Il est vrai que, en France comme autre part, il y a toujours des métiers où la femme est rare sinon inconnue ; et ce ne sont pas seulement ceux que beaucoup de femmes seraient incapables d'exercer vu les conditions physiques du travail. Des exemples : en France les chefs de cuisine, les grands couturiers, les chirugiens sont presque toujours des hommes...

1 Est-ce que les fillettes sont conditionnées à des rôles subordonnées ?
2 Par qui alors ?
3 Est-ce les hommes qui ne veulent pas envisager qu'une femme prenne une responsabilité importante ?
4 Est-ce que les femmes sont de nature moins entreprenantes que les hommes ?

Les compagnies d'assurances les voient certainement comme plus sages, plus circonspectes :

le créneau loophole

ELLES ASSURENT

Ne dites plus : « La femme au volant, la mort au tournant. » Les statistiques montrent que les femmes roulent plus cool que les hommes et sont moins souvent impliquées dans des accidents graves. Une compagnie d'assurances vient même de trouver un créneau : le Secours propose des contrats préférentiels aux conductrices (moins 25 % si elles souscrivent seules l'assurance, moins 12 % si le véhicule a plusieurs conducteurs). Au fait, quel est le féminin de chauffard ?

Marie Claire

1 Est-ce que des différences génétiques y sont pour quelque chose, à votre avis ? Ou est-ce la société qui impose des différences qui au fond n'existent pas ?

2 Si vous êtes une classe mixte, considérez les opinions exprimées jusqu'ici par les garçons et par les filles aux questions que nous avons posées. Est-ce qu'il y a une différence de point de vue attribuable à la différence de sexe ? Lesquels ont exprimé leur point de vue avec la plus grande force, les garçons ou les filles ? Et qui a parlé le plus ?

◢ 2

Quoique le nombre de Françaises qui travaillent ou qui cherchent un emploi continue de croître, une importante minorité de jeunes Françaises choisissent volontairement de rester à la maison et de jouer le rôle de mère de famille : pour elles l'idéal reste toujours le mariage, la cérémonie à l'église avec robe blanche, et une famille. L'État essaie de renforcer cela avec des allocations familiales qui favorisent les familles nombreuses et qui visent à ce que la femme ne quitte pas le foyer ; mais beaucoup de femmes exigent davantage : un salaire familial …

valoriser put a value on
écartelé entre torn between
trinquer (*fam.*) suffer ; get it in the neck
alléger reduce

Quand réglera-t-on le problème du salaire des femmes élevant ou ayant élevé trois enfants et plus ? Il y a des gens qui estiment que le travail de la femme à l'extérieur la valorise mieux. Mais on peut aussi avancer une opinion contraire en affirmant que le travail, surtout à temps complet, fait des femmes des esclaves modernes. Pauvres femmes écartelées entre la tenue du foyer et leur emploi ! C'est plutôt rare qu'une des deux activités, sinon les deux, n'en souffre pas, ou alors, c'est la santé qui trinque. Ne faut-il pas aussi considérer les pauvres enfants tirés du lit dans la nuit pour être confiés à une crèche problématique ?

Il serait temps qu'on arrive à une solution. Allouer un salaire familial serait une mesure d'équité. Les femmes seraient, bien entendu, assurées sociales, ce qui leur donnerait droit à une retraite personnelle.

Le principal obstacle à l'attribution du salaire familial est son coût ? N'est-il pas préférable d'attribuer un salaire bien mérité à une indemnité de chômage ? Sans aucun doute, l'institution du salaire familial allégerait le problème si crucial du chômage. Enfin, et ce n'est pas son moindre mérite, le salaire familial encouragerait la natalité dont la France a un si grand besoin et les enfants auraient une mère disponible pour les élever.

François Marbach, Strasbourg, Bas-Rhin

La Vie

En travaillant à deux :

1 Dressez une liste des avantages que voit Monsieur (NB *Monsieur* !) Marbach au salaire familial.

2 Regardez chaque « avantage » sur votre liste. Est-ce que ce sont tous de vrais avantages ? (Par exemple, est-ce vrai qu'un pays développé comme la France a « un si grand besoin d'enfants » ?)

3 Revenez à la classe avec votre propre opinion sur le salaire familial.

Croyez-vous qu'un salaire familial coûte moins qu'une indemnité de chômage ? Vous ne le savez pas ? Eh bien, lisez l'article suivant …

ÇA VAUT COMBIEN, UNE FEMME?

dénué de entirely without
l'arrière-pensée (f) ulterior motive
le flou a blur
la blanchisserie laundry
le pressing dry cleaner's
pour aussi ... que however
l'aumône (f) charity
le milliard billion (1 000 million)

Un salaire pour les femmes au foyer, la revendication resurgit régulièrement, entretenue par des hommes politiques non dénués d'arrière-pensées. Pourtant, quand il s'agit d'évaluer ce salaire, là, c'est le flou.

Interrogées par un magazine féminin, les femmes situaient aux environs de 2600 F par mois cette allocation. Soit beaucoup moins que le Smic. Et pour une durée de travail que les chercheuses de l'Insee estimaient, pour la mère d'un enfant, à 50 heures par semaine.

Allant plus loin, ces chercheuses ont essayé d'évaluer le travail domestique par un méthode simple, en calculant ce qu'il faudrait qu'un ménage débourse pour des services équivalents, blanchisserie, restaurant, nettoyage au pressing, baby-sitting, femme de ménage. Elles ont trouvé que le travail d'une femme au foyer valait plus de 9000 F par mois.

Cette étude pour aussi fictive qu'elle soit a un double mérite. Elle permet de prendre la juste mesure de l'activité de ces femmes dont on dit trop souvent qu'elles sont « sans profession » ou pis qu'elles « ne font rien ». Elle permet aussi de quantifier sérieusement ce que devrait être un salaire de femme au foyer pour qu'il ne soit pas une aumône : 9000 F par mois au moins. Presque un million de centimes à verser aux deux millions et demi de femmes aujourd'hui à la maison et aux deux autres millions qui, dans ces conditions, les rejoindraient. 45 milliards de francs par mois, plus de 500 par an, ... la moitié du budget de l'État !

La Vie

- Cela modifie votre opinion ou non ? Écrivez trois paragraphes sur le salaire familial. Résumez les arguments pour, résumez les arguments contre, dressez un bilan.

3 Il reste cependant vrai que la plupart des Françaises veulent travailler : les statistiques le montrent. Et si beaucoup d'entre elles gagnent leur vie en faisant un travail banal, pour d'autres les possibilités se sont de plus en plus élargies.

1 Lisez chacun(e) un seul article de ceux qui suivent sur des Françaises qui ont trouvé des métiers peu communs. Revenez en classe et décrivez le sujet de votre article et ce qu'elle fait (donnez votre opinion personnelle sur ce métier). Racontez les difficultés qu'elle a eues, en tant que femme, à poursuivre son métier.

2 La classe : posez des questions supplémentaires. Surtout, n'hésitez pas à demander (en français, évidemment !) des explications des mots que vous ne comprenez pas.

NICOLE VILOTEAU : VIPÈRE AUX POINGS

Pour Nicole Viloteau, la vie est un perpétuel corps à corps. Volubile, pétillante, l'œil et le cheveu fauve, c'est « pour expulser un trop-plein d'énergie » qu'elle parcourt depuis vingt ans, en stop, en pirogue ou à pied, les jungles et les déserts. Seule. Dans la jungle amazonienne, la forêt immergée du Gabon ou le bush australien, Nicole, Nikon au poing, guette ses proies : vipères heurtantes, mambas noirs, crotales ...

Professeur de dessin, Nicole Viloteau n'aura de cesse de quitter ses lycées de béton pour partir en expédition. Aujourd'hui technicienne (on dit herpétologue), elle mêle sa connaissance des reptiles

le poing fist
le corps à corps hand-to-hand fight
pétillant sparkling
le trop-plein super-abundance
en stop by hitching
la pirogue dugout canoe
immergé waterlogged
le vipère heurtant (African) puff adder
le crotale rattlesnake
n'avoir de cesse de never give up trying to

et du terrain au plaisir de l'aventure. Traqueuse mais non tueuse, elle soigne ses reptiles de rencontre et tente de les apprivoiser : « Hormis le crotale qui est un animal un peu caractériel, tous sont sensibles aux caresses. Sur le ventre ou le dos, il faut les caresser avec les ongles. Les écailles sont soyeuses, veloutées ou rêches. Ce n'est jamais pareil. »

A trente-neuf ans, Nicole n'est pas prête à troquer sa vie de baroudeuse pour une croisière au long cours : « En amour, dit-elle, je suis plutôt du style feu de brousse. Pour moi, un homme est un voyage, un conquête, pas une propriété. » Alors, Nicole fait les yeux doux aux batraciens birmans et vibre pour le Nevada : « Là-bas, dit-elle, il y a des lézards pleureurs de sang ! »

Marie Claire

de rencontre that she comes across
caractériel temperamental
soyeux silky
rêche rough
la baroudeuse (*normally* **le baroudeur**) (*fam.*) fighter
au long cours long-distance
le feu de brousse brush fire
le batracien batrachian ; member of the frog family
birman Burmese

Electriciennes professionnelles

Quartier de la Goutte d'or à Paris, au quatrième étage d'un vieil immeuble, Sabine demande : « Qu'est-ce que je passe comme gaine, du 5 ou du 2,5 ? » Michèle relève la tête et répond : « Le 5 passera, je crois. » Toutes les deux s'activent depuis plusieurs jours : elles installent l'électricité d'un vaste trois pièces. En jeans et tee-shirts, minces, rieuses, féminines, elles ressemblent à deux étudiantes qui gagnent leur argent de poche. Ne vous y trompez pas ! Ce sont deux jeunes femmes de trente ans, bien dans leur peau et dans leur profession d'électriciennes.

Michèle, d'un geste vif, repousse la mèche de cheveux auburn qui lui barre le front, empoigne la perceuse à percussion et, à 20 cm au-dessus du sol, creuse l'emplacement d'une prise de terre. Pendant ce temps, Sabine, grimpée sur une échelle, fixe avec dextérité les moulures plastiques destinées à cacher les gaines des fils électriques. Peintre, menuisière ou électricienne, une femme qui exerce un métier du bâtiment, ce n'est pas si fréquent en France. Il y a deux ans et demi, trois pionnières lançaient l'idée d'une coopérative de femmes. Aujourd'hui, cas unique en France, neuf jeunes femmes, dynamiques et enthousiastes, cimentent cette entreprise et la mènent au succès...

Femme pratique

la gaine sheath ; trunking
bien dans la peau at ease with life
la mèche lock of hair
barrer obstruct
la perceuse à percussion hammer drill
la moulure moulding
le fil wire
le menuisier/la menuisière joiner
cimenter consolidate

Quatre femmes dans les nauages

L'armée ouvre les portes du ciel à quatre femmes pilotes. Mais elles ne survoleront jamais les zones de combat. Il paraît qu'elles le regrettent !

« On n'a pas intérêt à se planter car tout le monde nous regarde », dit Christine, vingt et un ans, élève pilote à Cognac. Dans quelques mois, elles seront quatre à être brevetées pilotes. Les premières de l'armée de l'Air française. « Je suis rentrée dans l'armée car je voulais devenir pilote et les conditions d'accès étaient plus faciles que dans le civil. Il suffisait d'avoir son bac, n'importe lequel, et réussir quelques tests », explique Christine avec une superbe décontraction.

L'instruction se déroule en trois temps : une formation militaire de base, puis trente-quatre semaines de pilotage et enfin trente-six semaines de spécialisation. Durée totale : un peu plus de deux ans. Les épreuves, sauf certains exercices physiques,

se planter take a stand
l'armée (*f*) **de l'Air** Air Force
la décontraction relaxation ; casualness
en trois temps (*mil.*) in three stages

le **manche à balai**
  broomhandle ; (av.)
  joystick
le **pilote de chasse** fighter
  pilot
les **instances** (f) the
  authorities
cantonner confine

planquer (slang) hide
énième 'n'th
l'**escouade** (f) gang
l'**imper** (m)
  (slang) = **imperméable**
mastic fawn
l'**agent** (m) **de**
  recherche enquiry agent
le **truand** crook ; villain
l'**échapper belle** (slang)
  have a close shave
le **doyen/la doyenne**
  senior ; older
loucher sur (slang) have
  one's eyes on
dire que to think that

l'**élaboration** (f)
  development ; build-up
jurer ses grands dieux
  swear by all the gods
avoir raison de get the
  better of
la **traumatologie**
  traumatology (study of
  injury)
l'**internat** (m) internship
  (resident medical
  studentship)

sont identiques à celles des hommes. Après treize missions d'une heure elles peuvent empoigner seules le manche à balai du Fouga Magister. Vitesse maximum, 300 km/h, à peine plus que le TGV.

Le grand regret de Christine : ne pas pouvoir devenir pilote de chasse et franchir le mur de son à 1 800 km/h. Christine, Béatrice, Isabelle et Marie-Christine seront toutes quatre pilotes de transport, seule spécialisation qui leur soit ouverte. Elle n'iront jamais sur une zone de combat. Les instances gouvernementales et militaires cantonnent les femmes dans des rôles défensifs. Elles sont « porteuses d'enfants et donneuses de vie, ce qui est incompatible avec la guerre et la mort, question d'éthique »

Marie Claire

La « privée »

« Il faisait un temps de chien. Jeff, mon assistant, et moi « planquions » à moins de cent mètres de l'immeuble d'où devait sortir une femme superbe, si belle que son mari soupçonneux m'avait demandé de la surveiller. La routine quoi.

« Comme Jeff allumait sa énième cigarette, une escouade de types en imper mastic entoure notre voiture, L'un d'eux exhibe une carte tricolore. Je lui fais mon plus beau sourire en baissant la vitre. « Un problème, inspecteur ? »

« Il voulait voir mes papiers, Je les lui tends en souriant. Il lit à mi-voix : Carmèle Greco, quarante-quatre ans, née à Tunis, célibataire. Profession : agent privé de recherche. Il se met à rigoler avant d'expliquer « C'était le type de la banque. Il croyait que vous étiez des truands. » On l'avait sacrément échappé belle. »

A quarante-quatre ans, Carmèle Greco est la doyenne des femmes détectives privées. Elle se souvient encore de ses débuts : « A l'époque j'adorais le parfum. Quel rapport avec mon métier ? Un jour, je suivais un homme très élégant, qu'une famille accusait de loucher sur la fortune de sa maîtresse de vingt ans son aînée.

« Mon enquête s'achevait et je croyais être passée inaperçue. Mais comme nous étions tous les deux ensemble dans un ascenseur, il me regarde et sourit : « Je vous ai reconnue... à votre parfum. » J'ai compris alors que la profession de « privé » ne s'improvisait pas ! »

Le téléphone sonne, Carmèle Greco décroche et garde le silence. Puis elle repose le combiné en souriant : « Encore une menace de mort ! » Et dire que certains prétendent que les privés sont des bluffeurs...

Marie Claire

Claudie Deshays : au clair de la terre

Très mince, très jolie, très brune, Claudie Deshays, jeune médecin de vingt-huit ans, et future cosmonaute : « Vous comprenez bien que pour participer à l'élaboration des programmes Hermès, il ne suffit pas d'être mignonne et d'émouvoir le jury par son jeune âge ! »

Lorsqu'elle entreprend des études de médecine, Claudie jure ses grands dieux que les concours n'auront pas raison de sa passion pour la littérature, la musique et le sport ; elle fait même de la gymnastique de compétition. Elle suit, pour le plaisir, une formation spéciale en traumatologie sportive, puis en médecine aéronautique. Entre-temps, après l'internat, elle devient rhumatologue à l'hôpital Cochin à Paris.

Et puis, un beau matin d'octobre 1984, elle aperçoit une petite affiche placardée sur le mur de son service : on recherche des scientifiques de

le clair de terre earthlight
la résistance stamina
la compétence skill
passer au crible sift; go
  through with a fine
  toothed comb
la louange praise
pour tout arranger to cap
  it all

toutes disciplines pour former une nou-velle équipe d'astronautes. Claudie voit danser une pluie d'étoiles devant ses yeux : pourquoi pas la lune ? Pour elle qui est avide de tout essayer, ne serait-ce fabuleux d'aller poursuivre ses expériences médicales au clair de la terre ?

Sa résistance, sa rapidité, sa socia-bilité, ses nerfs, ses organes, sa culture, ses compétences, tout a été passé au crible pendant un an ; puis Claudie a été déclarée bonne pour le service, à la grande joie de ses coéqui-

piers actuels.

« C'est tout de même incroyable, s'exclame-t-elle. Depuis que la presse parle de moi, sous prétexte de chanter mes louanges, c'est pour dire qu'il est ahurissant de confier cette mission à une femme, si diplômée de surcroît (ça semble encore très louche à notre époque), et si jeune pour tout arran-ger ! Au Centre national d'études spa-tiales, personnne ne s'est montré si machiste ! »

Marie Claire

● Peut-on généraliser ces cinq cas ? Si oui, quelles sont les qualités nécessaires à une femme pour réussir dans un métier où il y a peu ou pas de femmes ? Est-ce que ces qualités seraient nécessaires à un homme dans le même métier ? Au même degré ?

4 Aggressive, épanouie, prête à assumer n'importe quel métier – ainsi apparaît la femme française si l'on en croit les magazines qui lui sont destinés. Mais si elle est mariée ? Qui est-ce qui fait les tâches ménagères ? On les partage, ou c'est toujours la femme qui les fait ? Nous avons parlé avec un jeune ménage où la femme et le mari travaillent tous les deux, mais qui rentrent à la maison à des heures différentes.

les frais de séjour
  accommodation charges
la retraite pension
concilier reconcile
s'assumer be independent
la répétition rehearsal
l'argenterie (f) silver
friand de fond of

1 Écoutez l'enregistrement, prenez des notes, puis écrivez en deux paragraphes un « Portrait de Michèle ».
2 Michèle dit : « Il n'y a pas de répartition de tâches particulières à chacun dans la maison ». A ce que vous avez repéré en écoutant la conversation entre elle et son mari Marc, est-ce strictement vrai ? Est-ce, pour vous, un ménage égalitaire ?
3 Michèle se croit émancipée, surtout plus émancipée que sa mère ne l'était. A ce qu'elle dit, quelle est la plus grande différence entre elle et sa mère en ce qui concerne le ménage ?
4 Est-ce que Michèle est, à votre avis, tout à fait émancipée ? Reste-t-il quelque chose à faire pour qu'elle soit complètement à l'égal de son mari ? (Ou croyez-vous peut-être que c'est Marc qui n'est pas encore à l'égal de Michèle ?)

5 Branchée ou non, la femme française ? Émancipée ou conservatrice ? Évidemment, la femme que vous venez d'écouter s'assume et se croit parfaitement à l'égal de son mari. Mais il y a des évidences aussi qui indiquent – peut-être – que la Française est, en général, moins émancipée qu'elle n'en a l'air…

En dix ans la presse féminine a créé sept nouveaux titres, mais perdu 10% de ses lectrices. Pourquoi ? Réponse d'Axel Ganz, qui dirige la branche française du groupe allemand Bertelsmann : « Les Français – aveuglés par le parisianisme – font des journaux pour des femmes jeunes, élégantes, excentriques qui n'existent que dans la tête des journalistes de mode. Résultat : à peine 4 millions de magazines vendus chaque mois pour 20 millions de femmes de plus de 15 ans. Restait donc à découvrir – et à réhabiliter – la majorité silencieuse des Françaises moyennes. Mêmes les journaux les plus rangés négligent les traditionnels secteurs des intérêts féminins : couture, cuisine, mode, beauté. »

Résultat : après deux ans d'études, de tests en grandeur réelle, réalisés pendant trois mois dans onze départements français, Axel Ganz lance « Prima ». Un mensuel épais, touffu comme un catalogue de vente par correspondance, bourré de patrons de robes, de modèles de pulls, de plateaux à décorer, de sets à broder et de petits plats à mijoter. Le petit monde des médias parisiens a ricané. Pas longtemps : en deux ans, « Prima » trouve sa vitesse de croisière. 1,2 million d'acheteuses. On a vraiment créé une clientèle. « Les femmes s'occupent toujours d'abord d'elles-mêmes et des problèmes domestiques, conclut Axel Ganz. Reconnaissons honnêtement que rien n'a changé... »

rangé staid ; conservative
en grandeur réelle full-size
touffu stuffed full
la vente par correspondance mail order
le patron pattern
la vitesse de croisière crusing speed

———————————————— L'Express

1 Beaucoup d'articles que vous avez lus dans « Nous les Français » sont tirés de magazines féminins. En jugeant de ce que vous avez lu (ou mieux, en vous procurant des exemplaires courants de magazines féminins français), établissez une comparaison avec des magazines féminins anglais.
2 Lesquels trouvez-vous plus sérieux ?
3 Est-ce vrai que « couture, cuisine, mode, beauté » ne figurent pas beaucoup dans la plupart des magazines français ?
4 Si vous êtes fille, lesquels correspondent le plus à vos propres intérêts, les anglais ou les français ?
5 Lesquels trouvez-vous plus féministes ?
6 Trouvez-vous des différences dans les publicités ?
7 Voyez-vous de la différence entre la « lectrice idéale » prévue par les magazines français et celle des magazines anglais ?
8 Seriez-vous d'accord que le « petit monde » des média juge toujours mal de sa clientèle, ici tout aussi bien qu'en France ?
9 « Les femmes s'occupent toujours d'abord d'elles-mêmes et de problèmes domestiques. » Enfin, Axel Ganz a-t-il raison ?

6 L'émancipation politique de la femme française est de date récente. C'est en 1944 seulement que les Françaises ont eu le droit de voter, d'être des citoyennes à part entière. Avant, surtout à la campagne, la femme était considérée comme subordonnée à son mari, à ses parents, à son curé... Lisez d'abord François Mauriac qui écrit en 1922 *Le baiser au lépreux*, récit qui se passe quelques années avant la Première Guerre mondiale. Jean Péloueyre est très riche, mais très laid, la jeune Noémi d'Artiailh ne l'aime pas. Est-ce qu'elle va l'épouser ?

Comme elle sanglotait, sa mère survient. La petite inventa qu'elle avait horreur du mariage et souhaitait d'entrer au Carmel. Mme d'Artiailh, sans protester, la prit dans ses bras jusqu'à ce que se fussent espacés les sanglots. Puis elle l'assura qu'en ces matières, il fallait s'en rapporter à son directeur ; or, M. le curé n'avait-il choisi lui-même pour elle la voie du mariage ? Petite âme ménagère, toute tendresse et piété, Noémi était bien capable de ne rien répondre. Elle ne lisait pas de romans ; elle servait chez ses parents, elle obéissait ; on lui assurait qu'un homme n'a pas besoin d'être beau ; que le mariage produit l'amour comme un pêcher une pêche... mais il eût suffi, pour la convaincre, de répéter l'axiome : *On ne refuse pas le fils Péloueyre !* On ne refuse pas le fils Péloueyre ; on ne refuse pas des métairies, des fermes, des troupeaux de moutons, des pièces d'argenterie, le linge de dix générations bien rangé dans des armoires larges, hautes et parfumés, – des alliances avec ce qu'il y a de mieux dans la lande. On ne refuse pas le fils Péloueyre.

François Mauriac :
« *Le baiser au lépreux* »

survenir arrive unexpectedly
le Carmel (Carmelite) nunnery
s'en rapporter à put one's trust in
la métairie rented farm (where crops are shared between owner and renter)

Mauriac s'attendait à ce que sa lectrice (ou son lecteur) de 1922 soit plus émancipée que cette jeune femme de 1910 dont il écrit : il savait toutefois que ce n'était pas encore le cas pour toutes les Françaises. C'est seulement après la Deuxième Guerre mondiale que les choses ont vraiment changé. Mais pas si vite qu'on aurait pu le penser. Dominique Desanti, journaliste, historienne, écrivain, avait juste vingt et un ans en 1944...

Je me souviens très bien du premier référendum où les femmes ont voté, en octobre 45. La presse se déchaînait. On redoutait beaucoup que les femmes fassent pencher la balance à droite. On les disait influençables. Elles allaient voter comme leur mari ou suivant les directives de leur confesseur. Et il faut bien reconnaître que les confesseurs ne se gênaient pas. J'étais journaliste à l'époque, j'avais juste vingt et un ans et c'était pour moi aussi mon premier vote.
J'ai mené pour le journal « Action » une enquête dans sept confessionaux. Je disais au prêtre que mon mari allait voter à gauche et je me demandais si c'était un péché de ne pas le suivre.
Sur les sept, seul un prêtre m'a dit de voter selon ma conscience et que Dieu n'avait rien à voir dans l'affaire. Tous les autres m'ont incitée à voter à droite. Inutile de vous dire que mon papier a fait grand bruit. Et que le vote des femmes n'a, bien sûr, rien changé au résultat ! »

Marie Claire (*Dominique Desanti*)

redouter que be afraid that
ne pas se gêner not to hesitate
le prêtre priest

1 Combien d'exemples de l'inégalité homme/femme trouvez-vous dans le court extrait de Mauriac ? (Dans le contexte du rôle de la femme, commentez la phrase « le linge de dix générations ».)

2 Dans la France de 1944, comme dans celle de 1910, on s'attendait à ce que la femme suive les directives de son confesseur. Pourquoi pourrait-on penser qu'une femme, plutôt qu'un homme, suivrait les directives de son curé ?

3 Pensez-vous que Dominique Desanti obtiendrait le même résultat qu'elle a eu en 1944, si elle répétait son enquête aujourd'hui ? (Si vous pensez que non, est-ce que cela indique un changement dans l'église, dans la société ou dans la femme elle-même ?)

4 Êtes-vous d'accord que les femmes sont en général plus influençables que les hommes ? Soutenez votre position !

7 Et depuis 1944 ? La femme française est devenue l'égale de l'homme dans la politique ? Aucunement ! (Pas seulement en France, d'ailleurs. Partout dans le monde, c'est précisément dans le domaine politique que l'inégalité homme/femme résiste le plus aux efforts des féministes.

l'apanage (*m*) prerogative
par le biais de indirectly through

La politique est le dernier univers fermé aux femmes. Même l'armée, même la police, traditionnellement l'apanage d'êtres virils, se sont ouvertes, les femmes y travaillent plus nombreuses et ne font plus ricaner personne. En politique, c'est le contraire. Le lendemain de la Seconde Guerre mondiale semblait une époque prometteuse pour les femmes : elles étaient entrées dans la politique par le biais de la Résistance. Depuis, elles ont régressé. Les chiffres sont clairs... et étonnants. En 1946, on comptait 8 % de femmes au Sénat et 7 % à l'Assemblée nationale. Cette participation féminine atteint son point le plus bas en 1965. En 1983, la proportion remonte pour atteindre 2,8 % au Sénat, 5,9 % à l'Assemblée nationale. Le seul domaine qui s'ouvre, c'est celui des municipalités. En 1977 on comptait 8,4 % de femmes dans les conseils municipaux. En 1983, 14,08 %.

Au Parlement européen, la proportion de femmes françaises élues est de 22,2 % (18 élues sur 81), ce qui nous laisse loin derrière le Danemark, le Luxembourg et les Pays-Bas...

En ce qui concerne la participation politique des femmes dans son ensemble, la France est en treizième position, au niveau de la Grèce, ce qui est surprenant si l'on songe que le niveau d'émancipation des femmes grecques est généralement considéré comme nettement plus bas que celui des Françaises...

Marie Claire

A qui la faute ? Ce sont les femmes qui ne s'intéressent pas au pouvoir politique ? Ce sont les difficultés qu'on a en tant que femme de combiner une carrière politique et la maternité ? C'est un manque d'ambition, de dureté, le dégoût des compromis nécessaires ? Ce sont des préjugés au niveau de la sélection des candidats ? Ou, possibilité plus sinistre, ce sont les hommes qui s'allient pour défendre ce dernier bastion, le vrai pouvoir, le pouvoir politique ? Écrivez vos opinions !

8 Et les hommes ? Est-ce qu'il y a des métiers réservés aux femmes qu'un homme voudrait et pourrait exercer ? Oui, il y en a au moins un...

YVES MONNOYER : UN SAGE HOMME

le **Rémois** inhabitant of Reims
la **sage-femme** midwife
le **soutien** support
l'**accoucheur** (*m*) obstetrician
le **parturologue** child-birth specialist
la **figure** pattern ; precedent
la **corporation** profession ; professional body

A l'heure où les femmes prennent d'assaut les professions habituellement réservées aux hommes, un homme a choisi le chemin inverse.

Yves Monnoyer, un Rémois de vingt-huit ans, marié et père d'un enfant, est le premier homme à avoir obtenu, le 29 juin dernier, son diplôme de... sage-femme !

« J'ai choisi ce métier, confie Yves Monnoyer, parce qu'il implique, hormis la relation avec l'enfant, un contact assez étroit avec les patientes qui ont besoin de soutien et de réconfort dans un moment parfois pénible. Le rôle affectif et médical de la sage-femme convient aussi bien aux hommes. »

Il avoue, à son grand soulagement, avoir été adopté « très facilement » par ses collègues de travail... une fois passés bien sûr les premiers moments « d'hésitation » et de « curiosité » à son égard.

Accoucheur, parturologue, sage-homme...! Comment appeler cet homme sage qui est sage-femme ? Tous les cas de figures ont été envisagés. La corporation, fidèle aux traditions, a opté pour la terminologie d'homme sage-femme.

Marie Claire

● Il y a d'autres métiers où l'on emploie surtout des femmes. Lesquels sont-ils ? Pourquoi y trouve-t-on très peu d'hommes ? Est-ce que l'existence de ces « métiers de femme » est nécessairement nuisible aux femmes ? Y voyez-vous quelques avantages pour elles ?

Rappelons finalement la citation d'Édith Cresson avec laquelle nous avons commencé cette unité : « *Les hommes ne sont irremplaçables nulle part, sauf dans la vie privée. Je suis persuadée que le temps joue avec nous.* »

Êtes-vous d'accord avec ces deux propositions ?

67

Les petits chemins des loisirs

Évidemment, il y a le cinéma, les concerts, le football, le théâtre, le bal... nous en avons déjà parlé. Mais il y a d'autres spectacles et d'autres choses à faire, moins évidents : des divertissements traditionnellement aimés des Français – les foires, les marchés, le cirque – et des nouveaux, mais également français : citons par exemple les spectacles son et lumière pour les grands ou les ludothèques pour les petits. Nous allons suivre un peu quelques-uns de ces petits chemins des loisirs français...

1 Dans les villages de France, l'été, un peu partout, on trouve des foires foraines. Petits – un ou deux manèges seulement – pittoresques et évidemment populaires. Mais la vie du forain est devenue de nos jours un dur anachronisme. Lisez cet article du *Monde Aujourd'hui*.

L'illustre forain

A la Fête des Loges, à Saint-Germain-en-Laye, Alfred Bonamy, soixante-quatre ans, tient une petite baraque de tir : il exerce son métier de forain depuis son adolescence : « *A l'âge de douze ans, en 1932, je commençais à tenir la baraque à la Fête à Neu-Neu.* » A cette époque, c'était le billard japonais de ses parents qui était installé chaque année en juin, sur l'avenue de Neuilly. Il se dit avec fierté « *forain de la quatrième génération* ».

« *Mon grand-pêre, Alfred, était toujours à la recherche de nouveauté*, dit Alfred Bonamy. *La lanterne magique, il avait commencé par faire ça; puis lui est venue l'idée d'acheter un théâtre forain, mais il n'avait pas d'artistes. Il discutait beaucoup dans les réunions, où il a rencontré les frères Lumière; il s'est mis d'accord avec eux pour avoir un des premiers appareils de projection.* » Ce sont les débuts du cinématographe, né en 1895, puis de son développement dans les fêtes foraines, entre 1896 et 1910. « *A l'Olympia Cinématographe en 1900, le programme durait une heure, avec un tas de petits films assez courts. Pendant la projection on faisait la parade devant le théâ-* tre, *on maintenait le public en haleine et on lui vendait des tickets d'entrée. A l'entracte, on proposait une nouveauté en France, des oranges.* »

Les inondations de 1910 ont emporté le cinématographe d'Alfred Franck, remisé pendant l'hiver dans La Plaine-Saint-Denis. « *Alors mon grand-père a recommencé à zéro, il a racheté un petit tir, et, comme ma mère venait de se marier avec Charles-Auguste Bonamy, forain de Rouen, il a aussi construit une baraque pour lui donner un métier convenable.* » Elle y installa leur premier billard japonais en 1913, et la famille Bonamy a conservé ce même genre de construction en bois jusqu'en 1978 : les nouvelles lois interdirent alors ces baraques, à cause des risques d'incendie.

En 1982, à la suite d'un accident, Alfred Bonamy a dû vendre son billard japonais ainsi que son bon emplacement réservé aux anciens dans les fêtes foraines. Aujourd'hui, il est désormais considéré comme un « nouveau », avec sa nouvelle baraque de tir construite de ses mains pour la Fête des Loges. L'emplacement n'est plus aussi favorable : « *Comme nouveau, j'ai eu la dernière place du bout...* »

Alfred Bonamy passe ses nuits dans la baraque de tir, où il installe un matelas... On est loin du confort de la roulotte familiale et centenaire de 7 mètres de long, remisée aujourd'hui dans son jardin à Maisons-Alfort. « *Avant, les forains vivaient ensemble; quand ils arrivaient dans une fête foraine, les voitures d'habitation étaient mises en cercle, la sortie toujours fixée vers le centre. Le soir, les forains s'asseyaient sur l'escalier de leurs roulottes pour casser la croûte. Il n'y avait pas un* bon repas sans toutes sortes de discours. Quand mon grand-père avait son cinéma il avait pas mal d'employés et toute la famille à nourrir, et ma grand-mère avait l'habitude de préparer dans une grande lessiveuse une espèce de soupe de légumes et de pain qu'elle offrait à tout le monde. La mentalité des forains a changé; en 1900, ils n'étaient qu'une seule famille. »

Mais quand on demande aux forains anciens ou jeunes ce qu'ils pensent de leur vie, aucun ne semble regretter leur sort: « Ce n'est pas un métier, c'est une maladie », nous dit Alfred Bonamy, tandis qu'Auguste Remilly, forain de la cinquième génération, ancien de la Fête à Neu-Neu, aidé de deux employés pour son attraction le Tagada, grand plateau tournant à secousses variées et multiples, nous pose cette question: « Savez-vous pourquoi c'est le plus beau métier du monde? Parce qu'on a notre liberté. » Ce n'est pas l'avis du fils d'Alfred Bonamy, qui a quitté le métier forain: « Il a vue l'esclavage que c'était. »

Le Monde Aujourd'hui

la baraque booth
Neu-Neu (*slang*)=**Neuilly**
le billard japonais bar billiards
la fierté pride
remiser lay up
ancien long-standing
le matelas mattress
centenaire hundred-year-old
casser la croûte have a bite to eat
la lessiveuse copper
le sort lot
le plateau platform

1 Trouvez-vous la vie du forain, avec ses roulottes et ses voyages de ville en ville, romantique ou sordide?
2 Seriez-vous d'accord pour dire que les forains sont toujours plus ou moins tricheurs? Et cela parce qu'ils se voient comme différents du grand public, qui reste toujours pour eux de simples dupes?
3 Est-ce que cela explique leur société plus ou moins close, d'où on ne s'échappe pas de génération en génération? Ou est-elle un produit d'un vrai sens de solidarité du métier, métier où tout le monde se connaît, où on fait partie d'une seule grande famille?
4 Est-ce que les forains sont, à votre avis, des esprits libres, comme pense Auguste Remilly, ou des esclaves, opinion du fils d'Alfred Bonamy?
5 Écrivez un résumé de l'article de deux cents mots environ.

◢ **2** Les foires, les fêtes foraines, les marchés, ça fait partie d'une vie communale qui, de nos jours, est en voie de disparition. Mais le processus est beaucoup plus lent en France qu'ailleurs. Les marchés, par exemple, sont tout aussi populaires que jamais, surtout à la campagne. Dans la capitale, ceux qui fleurissent par-dessus tout sont les marchés aux puces. Le marché aux puces de la porte Saint-Ouen a récemment fêté ses cent ans...

● Lisez au moins deux fois ce premier article sur les Puces de Saint-Ouen. Puis, en travaillant à deux, préparez des réponses aux questions qui suivent *sans relire ni reconsulter l'article.*

LA CAVERNE D'ALI BABA

la venelle alley
fleurer smell of
patenté licensed
les devises (*f*) currency

Avec son étonnant bric-à-brac, ses étroites venelles fleurant la poussière, les saucisses chaudes et les frites, le marché aux puces de Saint-Ouen, situé aux portes de Paris, attire plus de visiteurs que le château de Versailles, fait vivre dix mille personnes dont mille cinq cents commerçants patentés et fait rentrer en France presque autant de devises étrangères que les exportations de parfums.

Dans la caverne d'Ali Baba, dont on célèbre en ce moment le centième anniversaire, il n'est pas rare, le samedi, le dimanche et le lundi matin de voir se cotoyer clochards et vedettes de cinéma, simples badauds ou milliardaires à l'affût de pièces rarissimes.

Le marché de Saint-Ouen a débuté prosaïquement en 1860 comme un rendez-vous de chiffonniers. Paris venait d'annexer les communes limitrophes et les « biffins » expulsés par mesure d'hygiène, de la Foire aux Hardes qu'ils tenaient du côté de Maubert, sur la rive gauche, n'eurent d'autre ressource que de s'installer à la porte de Clignancourt, en bordure des fortifications. Là, ils formèrent une sorte de syndicat. Cet organisme non déclaré octroyait à ses membres le droit d'étaler leurs « puces » dans un emplacement précis contre une « taxe » de quatre sous.

Aux alentours de 1900, les badauds firent leur apparition. La baraque de l'Octroi était tout proche. Les Parisiens qui passaient par la porte de Clignancourt pour acheter l'huile et le savon détaxés s'arrêtaient chez les biffins, d'autant qu'il y avait là nombre de guinguettes où l'on dansait la java en mangeant des frites. Quelques années plus tard,

on vit surgir les collectionneurs. Puis, un jour de 1914, le bruit courut qu'un promeneur avait déniché entre un ustensile sanitaire et un mannequin de couturière, « La chemise enlevée » de Fragonard, toile valant une fortune, mais qu'il emporte pour 21 francs.

Dès lors, une foule de curieux se précipita chaque semaine dans l'espoir de dénicher quelque chef d'œuvre oublié. Ce fut à cette époque que les Puces commencèrent à devenir un important marché d'antiquités. Et puis, qui sait ? peut-être verra-t-on surgir un paysage de Van Gogh ? Des nombreuses toiles exécutées par le célèbre peintre hollandais, on n'en connaît à peine un tiers ; toutes les autres sont enfouies sous la poussière des greniers et voilà pourquoi, de temps à autre, l'une d'elles réapparaît, apportant la fortune à celui qui l'a découverte.

Il y a quelques années, une marchande de tableaux des Puces vendit pour quelques francs une peinture représentant des mangeurs de pommes de terre. Au client qui s'y intéressait, elle dit d'un ton désabusé :
– Bah ! ça ne vaut rien. C'est à

la manière de Van Gogh. Enfin, puisque ça vous plaît, payez-moi ce que vous voudrez.

De retour chez lui, à Amsterdam, l'acheteur montra la toile à des experts qui authentifièrent alors un Van Gogh de fort belle facture.

On peut toujours faire des trouvailles extraordinaires à Saint-Ouen, à condition de se lever tôt, d'avoir le coup d'œil rapide et d'être servi par la chance. Un brocanteur m'a raconté comment un de ses amis découvrit sur le trottoir même des Puces un pot de moutarde : c'était en réalité un vase de Chine datant du XVIe siècle. Un autre passant, fouillant dans un carton marqué d'une étiquette « Tout à dix francs », récolta onze fusains signés « P. Ruiz » ; le marchand qui les vendait ignorait qu'à ses débuts le peintre Pablo Ruiz Picasso signait ainsi.

Ne craignez pas de vous salir les doigts, ni de soulever des nuages de poussière ; avec de la patience, de la ténacité, et un minimum de culture, c'est la fortune que vous risquez de dénicher.

Jours de France

---

le chiffonnier rag-picker ; dustbin-raker
le biffin (*slang*) ragman
les hardes (*f*) worn clothes
octroyer grant
l'octroi (*m*) toll-house

la guinguette café (with open-air dancing)
la java Javanaise (waltz-type dance)
dénicher unearth
désabusé disillusioned

la facture calibre ; quality
le fusain charcoal sketch
salir dirty

---

1 Quels faits prouvent l'importance de ce marché ?
2 Quels jours de la semaine est-il ouvert ?
3 Qu'est-ce qui y a attiré le grand public au début, à part les « biffins » ?
4 Quel événement a provoqué des foules de curieux voulant faire fortune ?
5 Racontez l'histoire de la peinture de Van Gogh. Pourquoi cette histoire paraît-elle spécialement vraisemblable pour une peinture de cet artiste ?
6 On raconte ici encore deux histoires d'« objets trouvés ». Lesquelles ? Y croyez-vous ? Pourquoi les marchands de puces ont-ils intérêt à inventer des histoires pareilles ?

3 Comment devient-on brocanteur ? Sur le marché d'une petite ville française nous avons trouvé une foire à la brocante ; nous avons posé cette question à Pierre Myrotides, brocanteur passionné. Écoutez ce qu'il nous a répondu . . .

d'occasion second-hand
la lancée impetus
désuet obsolete
dépassé out-of-date
ignare ignorant
les tréteaux (*m*) (market) stand
l'argent massif solid silver
plaqué veneered
se former train onself
les beaux-arts fine arts
fouiner ferret around
remballer pack up again

1 Essayez d'établir les différences entre les brocanteurs de Paris et ceux des petites villes. Faites une liste de ces différences.
2 Est-ce que ce que dit Pierre vous explique vraiment le charme de ce métier ? Passeriez-vous votre dimanche derrière un stand sur la place d'un village, à vendre (ou à essayer de vendre) des objets sans conséquence ?
3 Avez-vous jamais acheté, vous, des objets à une foire à la brocante ? Ou vos parents ? Pourquoi – qu'est-ce qui vous a poussé à le faire ? Écrivez deux paragraphes sur ce qui vous attire et ce qui vous repousse aux marchés aux puces.

4 Les fêtes foraines, les marchés et . . . les cirques. Le cirque a presque disparu en Angleterre, tué peut-être par des changements dans l'attitude du grand public vis-à-vis des animaux en captivité. Mais en France on rencontre toujours le petit cirque forain qui va en été de bourg en bourg ou s'installe pour amuser les estivants au bord de la mer. Souvent une affaire de famille, il y a toujours eu très peu d'animaux savants dans ces cirques déambulants. Et quant aux artistes, on s'est toujours demandé comment ils peuvent gagner ainsi leur vie . . . Mais à l'autre bout de la gamme le grand cirque prospère en France, avec une école du cirque à Paris et le festival annuel du cirque à Monte Carlo. Là aussi le goût public a évolué et il s'agit aujourd'hui plus de prouesses humaines que de tours d'adresse d'animaux en captivité. Bien que des animaux soient toujours là . . .

Lisez le fait-divers de *France-Soir* (à la page suivante) commentant le festival annuel.

Ils sont de plus en plus forts; elles sont de plus en plus belles

Monte-Carlo

Dernière ligne droite hier devant le public du dimanche qui se serre sur les gradins pour gagner des places dans ce cirque archi-comble du Festival international de Monte-Carlo.

Ensuite, c'était la délibération des jurés, plus angoissante encore que les autres années, car le niveau est de plus en plus fort, comme dans le sport. C'est en cela que le cirque est un art du spectacle qui, contrairement aux idées reçues, suit notre rythme et a plus évolué en vingt ans qu'en deux siècles. Le triple saut au trapèze volant était le fin du fin il y a une décennie. Aujourd'hui, il est courant, et un Mexicain surdoué, Fouben Caballero, dix-sept ans, a exécuté le quadruple saut aux répétitions, laissant bleu les spécialistes. Malheureusement il l'a raté aux représentations.

Doveiko, le Soviétique, fut le premier au monde à faire un saut périlleux sur échasses propulsé par une bascule. La troupe qu'il dirige présentait samedi un jeune homme rayonnant qui a réussi le triple saut sur une seule échasse dans un silence impressionnant rompu.

L'exercice équestre de « la poste » a été réalisé comme jamais par le cavalier britannique César, debout en équilibre sur deux chevaux qui en laissent passer six autres entre eux... Puis, toujours dans la même position, avec ses deux chevaux, ils sautent des obstacles. Tout cela est à hauts risques.

Risque aussi pour Joseph Bouglione qui porte haut le drapeau de la France sur son fil de fer en exécutant sans bavures un saut périlleux arrière et un avant (extrêmement dangereux), avec une élégance princière...

Tout était à voir, du plus petit (les pensionnaires du célèbre Youri Koulatchev, « le clown aux chats » de Moscou qui a fait un malheur et qui est un artiste superbe) aux plus volumineux, les 14 tonnes des cinq éléphants de Bellucci, chevauchés par des dames superbes, en passant par les otaries et les irrésistibles chiens footballeurs de Dubsky (Danemark). Sans oublier bien entendu, l'éléphanteau des Khudsky qui joue lui aussi au foot, mais avec le public.

A noter que sa dame cornac est d'une beauté ravageuse. Là aussi est l'évolution. Les demoiselles de la piste sont maintenant minces comme des fils et habillées comme les Bluebells.

Entre le risque, la beauté et l'originalité, les prix vont se disputer tard dans la soirée, chèrement et longuement. Mais au poteau, il est probable que, comme l'an dernier, on va voir arriver en tête la Corée du Nord avec ses gymnastes, et l'U.R.S.S. avec ses échassiers.

France Soir

---

la ligne droite line-up
le gradin tier; tiered row of seats
archi-comble (*fam.*) full to overflowing
le juré juror
surdoué exceptionally gifted
laisser bleu flabbergast
l'échasse (*f*) stilt
la bascule seesaw

rompu broken (by applause)
la poste relay (of horses)
le cavalier horseman
sans bavures impeccably
le pensionnaire actor (*here, a cat!*) under exclusive contract
faire un malheur (*fam.*) get away with murder

chevauché astride
l'otarie (*f*) sea-lion
l'éléphanteau (*m*) baby elephant
le cornac mahout; elephant keeper
ravageux devastating
la piste ring
la Bluebell Bluebell girl (*Paris showgirl*)
au poteau (*racing*) at the post

---

1 A deux, commentez ces citations de l'article, puis revenez en classe avec vos commentaires :
  « le cirque est un art du spectacle »
  « malheureusement, il l'a raté aux représentations »
  « le premier au monde à faire un saut sur échasses propulsé par une bascule »
  « tout cela est à hauts risques »
  « l'éléphanteau des Khudsky qui joue lui aussi au foot »
  « sa dame cornac est d'une beauté ravageuse. Là aussi est l'évolution »
2 Pourquoi le cirque existe-t-il ?

5 D'un des divertissements les plus anciens du monde à un des plus modernes …
Le « Son et Lumière » est une invention française : simple bande son
accompagné de projecteurs au départ, mais qui éclate maintenant dans des
superproductions au laser et en quadriphonie …

A

Lisez la genèse des spectacles son et lumière, puis expliquez-la à **B** en vos
propres mots, mais en consultant le texte si besoin est. Répondez aux
questions supplémentaires que posera votre partenaire.

B

Ne lisez pas l'article. Écoutez ce que dit votre partenaire au sujet de la genèse des
spectacles son et lumière, et prenez des notes (vous en aurez besoin plus tard).
Demandez-lui des explications et posez-lui des questions supplémentaires, si
nécessaire.

LES CHATEAUX RACONTENT…

l'éclair (*m*) flash of
lightning
zébrer streak
l'incidence (*f*) angle
s'agir seethe ; be active,
busy
le temps fort strong beat ;
high point
génial inspired
faire des petits have
children ; bear fruit

C'était un soir d'orage à Chambord. Conservateur du château et, détail important,
petit-fils du célèbre illusionniste, Robert Houdin assistait, fasciné, au jeu subtil et
fantastique des éclairs zébrant le ciel, illuminant les tours et les toits. Regrettant d'en
être le seul témoin, une idée merveilleuse lui vint alors à l'esprit : pourquoi ne pas
reconstituer artificiellement cette féerie avec des projecteurs dont on ferait varier
l'incidence, l'intensité et la couleur ? Pourquoi ne pas donner publiquement la parole à
toutes ces voix secrètes qui s'agitaient en lui, les voix des hôtes illustres du château ?
Un projet fou. Le plus incroyable de l'histoire c'est qu'il fut pris au sérieux. Notamment
par la vénérable institution des Monuments historiques qui lui apporta sa contribution
financière.

Ainsi naquit, en 1952, le premier « spectacle nocturne » du monde : un scénario
original sur bande magnétique retraçant les temps forts de l'histoire du monument, des
projecteurs éclairant sélectivement son architecture. On l'appela « son et lumière ».

L'idée était simple et géniale : elle fit beaucoup de petits. A Versailles d'abord, aussi
à l'étranger (ainsi la fabuleuse illumination de Karnac-Louksor, en Égypte) …

A

Ne lisez pas la suite de l'article. Écoutez ce que dit votre partenaire au sujet du
développement des spectacles son et lumière, et prenez des notes (vous en
aurez besoin plus tard). Demandez-lui des explications et posez-lui des
questions supplémentaires, si nécessaire.

B

Lisez ce qu'on écrit dans la suite de l'article au sujet du développement des
spectacles son et lumière, puis expliquez-le à **A** en vos propres mots, mais en
consultant le texte si besoin est. Répondez aux questions supplémentaires que
posera votre partenaire.

LES CHATEAUX RACONTENT… (suite)

le bruissement rustling
fantomatique ghostly
écorcher peel the skin off ;
graze
vacillant flickering
le bâton staff

1977. Les spectacles de nuit ont 20 ans. L'âge de la folie et de la démesure. Au
château de Puy-du-Fou, Philippe de Villiers crée la « cinéscénie », nouveau mode
d'expression qui aurait emprunté au passage des effets de choc du cinéma et des
concerts pop.

Bruyammment, les quelque 10 000 spectateurs s'installent sur les gradins. Bruisse-
ments de papier, lueurs de cigarettes : l'atmosphère est à la fête. 22h 30.
Brusquement tout s'éteint : l'obscurité totale. Avec elle, un calme absolu, impressionnant. Hypnotisés, les yeux se fixent sur une silhouette fantomatique qui écorche la nuit
d'une lueur vacillante. L'homme est seul. Courbé sur son bâton il avance à pas
démusurément lents. Et soudain, dans le silence, s'élève, surgie de nulle part, une

voix de géant qui emplit l'horizon tout entier.
   « *Je n'ai jamais reçu de nom*
   Ils m'appellent le vieux galopin
   Je couche dans les barges des granges
   Ou sur les berges des fossés
   Je traîne mes souvenirs avec mon baluchon humide
   Je suis la mémoire du soir. »

Cette nuit, en Vendée, le sortilège du Puy-du-Fou commence. Il nous tiendra captifs deux heures durant.

   Sur cette scène gigantesque de 12 hectares, les tableaux se succèdent et se chevauchent, rapides, grandioses, colorés. Tantôt le ciel s'embrase sous les phares de 600 projecteurs, tantôt le noir se fait pour que s'illuminent les fontaines où s'illustre l'amour. A l'est, on danse « la brioche », « le tabouret », « la guimbarde ». A l'ouest, on se défie, on se bat, et parfois même on meurt. Enfin, sur les ruines du château, le laser grave dans la pierre les profils des disparus. Une vraie débauche de technique (stroboscopes, laser, pyrotechnie), de talent et de bonne volonté . . .

   Et maintenant, au château de Blois, on parle d'un gigantesque projet avec des fontaines lumineuses de 10 m de haut, des écrans sonores, des lasers poly-chromes . . . A quand la Guerre des étoiles ?

Femme pratique

● En classe, en utilisant vos notes, essayez de reconstituer ensemble la première moitié de l'article (les **B**), puis la deuxième (les **A**).

6 Une sorte de cirque romain moderne, spectacle grandiose pour impressionner les grands la nuit. Quelque chose qui impressionne autant les petits le jour, c'est encore une invention française qui commence à se répandre partout dans le monde : la ludothèque. Vous connaissez ? Du latin *ludo*, je joue. Lisez l'article du *Monde* :

« Cherche grande personne pour jouer »

Soixante-dix en 1979, trois cents aujourd'hui, les ludothèques font désormais partie du paysage français. On y prête des jouets et des jeux, on y organise des animations avec des écoles, des conteurs, des grands-parents, et l'on y invente et fabrique même parfois de nouveaux amusements.

Quand Pedrag, dix ans et demi, a poussé pour la première fois la porte de « Caravansérail », il n'en a pas cru ses yeux. Dans une pièce pas plus grande qu'une salle de classe, s'amoncelaient des centaines de jouets, des poupées, des jeux de construction ou de société, un cheval à bascule, des dizaines de petites autos alignées sur des étagères. La caverne d'Ali Baba en plein quatorzième arrondissement ? Un nouveau magasin de jouets au rez-de-chaussée d'une HLM ? Pedrag s'attendait à découvrir des caissières à la sortie. Il n'y en avait pas.

La ludothèque, qui fonctionne depuis presque un an dans un local associatif loué à l'association Caravansérail, rue Alésia à Paris, n'a pas eu besoin de publicité pour faire la conquête des enfants du quartier. Pourtant, soixante-dix familles seulement ont payé la cotisation (100 F par an) réclamée pour pouvoir emprunter, moyennant 5 F par quinzaine, l'un de ces six cents jeux ou jouets qu'elle possède. Les enfants non inscrits viennent, jouent sur place et repartent. « *Mes parents n'aiment pas les jouets*, assure Pedrag, qui est l'un de ces abonnés informels de la ludothèque. *Ils préfèrent travailler en me laissant m'amuser tout seul.* »

Le « jouet pour avoir la paix », voilà qui fait sursauter intérieurement Mme Nicole Deshayes, animatrice à l'École des parents et des éducateurs et responsable de Caravansérail. Rêve inaccessible ? Elle souhaite attirer dans la ludothèque aussi bien les parents que les enfants, en faire un lieu où ils pourraient venir jouer ensemble, sans rendez-vous et sans complexe. « *Les chambres d'enfants sont pleines de jouets inutilisés*, explique-t-elle, *parce qu'on a oublié leur véritable fonction toute simple : jouer. »*

En fait, les premiers adhérents de Caravansérail ont été recrutés chez les parents qui en avaient le moins besoin, ceux qui jouent de toute façon en famille. Mais le centre n'a pas tardé à s'ouvrir à de nombreux enfants de milieux plus défavorisés. *« Mes parents ont trouvé la cotisation trop chère. Ils n'aiment pas les jeux parce que ce n'est plus de leur âge,* explique Johann, dix ans et demi. *Alors je viens jouer sur place. »*

Après un an de fonctionnement, le Caravansérail est devenu le petit îlot entre deux tours HLM où peuvent se rencontrer les générations. Des parents s'y délectent en écoutant, sans honte, les boîtes à musique pour bébés. Des enfants rient des heures durant autour d'une maison de poupée, d'un camion à gyrophare ou d'un jeu de portraits. Les jouets cassés sont rares, comme si chacun prenait un soin particulier à préserver l'amusement de tous. Comme si les enfants, donnant l'exemple à leurs aînés, jouaient comme les grands.

Le Monde

le jouet toy
s'amonceler be piled up
jeu de société board game

le local associatif meeting room
sans complexe uninhibitedly

se délecter revel
le gyrophare (revolving) flashing light

1 Pourquoi pensez-vous que si peu de familles se sont abonnées à cette ludothèque ? Les frais de cotisation ? Ce qu'on paye en sus par jouet emprunté ? Ou autre chose ?
2 Commentez ce que disent Pedrag et Johann au sujet de leurs parents.
3 Croyez-vous qu'il soit vraiment nécessaire d'apprendre aux enfants de jouer ? Ou est-ce que le Caravansérail existe autant pour les parents que pour les enfants ?
4 Commentez la dernière phrase de l'article.
5 Quelle est votre opinion sur les ludothèques, telles qu'elles se développent en France ? Les jugez-vouz positivement ?
6 Y a-t-il une différence de principe (ou de fonction sociale) entre une ludothèque et une bibliothèque ?

7 Les ludothèques font souvent partie des Maisons des Jeunes, où Maisons « loisirs et culture ». Nous avons parlé à Michel Flesse, animateur sociale d'une de ces maisons, qui travaille non seulement dans la maison elle-même, mais aussi dans les HLM où habitent souvent les enfants les plus défavorisés. Il nous explique exactement ce qu'il fait. Écoutez, puis essayez à deux de trouver des réponses à ces questions :

1 Quels sont les quatre secteurs d'activités de la maison de Montmorency ? En quoi consistent ces activités ?
2 Où travaille Michel ? Que fait-il surtout ? Pourquoi est-ce si nécessaire ?
3 Avec quels partenaires sociaux travaille-t-il ?
4 Quels enfants fréquentent les différents secteurs de la Maison ?
5 A quels problèmes a-t-on fait face lors de la fondation de la Maison ?
6 Est-ce que l'avenir paraît favorable pour ce genre d'institution ?

l'animation sociale social activities
la prédélinquance potential delinquency
l'éventail (*m*) range
la cité council estate
dépister track down

interpeller call upon
envisager consider
la tendance (*here*) background
de tous bords of all kinds
infime minute

8 Finalement, puisque nous parlons des petits chemins des loisirs, en voici encore deux des plus minuscules ! Le billard français se joue sur une table sans poches, mais les vrais fanatiques ont trouvé quelque chose d'encore plus difficile … Et si vous êtes collectionneur et que vous cherchiez du nouveau à collectionner, pourquoi ne pas devenir glycophile ?

A
Lisez cet extrait du *Parisien*, puis relisez-le à votre partenaire à haute voix. Expliquez-le-lui ensuite, si nécessaire !

la bande (*bill.*) cushion

Avec ses dix-sept billards de compétition, l'Académie d'Argenteuil possède la plus grande salle de billard de France. Il était donc logique que s'y déroule le Championnat de France au jeu trois-bandes catégorie excellence.

« Le jeu trois-bandes, de plus en plus pratiqué en France, est très difficile, explique M. André Desoutter, président adjoint de l'Académie de billard d'Argenteuil. Car pour obtenir le point, la bille du joueur, avant de toucher la troisième bille, doit par trois fois au moins avoir pris contact avec les bandes. Cette obligation rend le parcours de cette bille très complexe et spectaculaire et oblige le joueur à effectuer de nombreux calculs mentaux pour trouver la trajectoire idéale » …

Le Parisien

B
Lisez cet extrait de *Prima*, puis relisez-le à votre partenaire à haute voix. Expliquez-le-lui ensuite, si nécessaire !

la vignette fancy label

Les glycophiles, vous connaissez ? Peut-être en êtes-vous une (ou un) … si vous vous sentez irrésistiblement attirée par les vignettes des morceaux de sucre emballés ou les sachets, et si vous commencez à les collectionner. Savez-vous qu'il existe une association, le Club des Glycophiles français, qui a pour but de réunir les collectionneurs d'emballages de sucre (avec ou sans leur contenu), en vue de faciliter les contacts, les échanges éventuels, d'informer des nouveautés dans ce domaine, etc. ? Grâce au sucre, nul doute que les glycophiles ne soient les collectionneurs les plus doux du monde !

Prima

9 Les Français et la politique

1 En comparaison avec l'Anglais, le Français a toujours été un homme politique bien informé et éveillé. Il a fait des révolutions innombrables, a essayé toutes les formes de gouvernement, depuis des empires jusqu'à l'anarchie, a construit des constitutions sans nombre (il en est déjà à sa cinquième rébublique). Dès son plus jeune âge il respire la politique...

Vrai ou non ? Pour savoir jusqu'où vont les connaissances politiques des jeunes Français, *Marie France* a posé trois questions aux élèves d'une classe de 6ᵉ de banlieue parisienne. Voici leurs réponses :

la mission function

— Quel est le rôle du maire ?
Tous sont à peu près d'accord pour affirmer que c'est lui qui « commande la ville ». Personne ne fait allusion à son statut d'élu. Quant à ses missions, elles sont pour le moins variées : « Il rend les gens honnêtes » ; « Il embauche les éboueurs et les balayeurs » ; « Il augmente les loyers » ; « Il donne du travail à ceux qui n'en ont pas » ; « Il fait les lois ». Bref, pour nos chères petites têtes blondes, M. le maire est l'homme à tout faire, le « superman »...
— Peux-tu donner une définition de la Patrie ?
La majorité des réponses est très
approximative : « C'est un groupe de gens » ; « C'est un pays où l'on vit » ; « C 'est les gens qui habitent la même ville ». Une seule définition complète et très charmante : « La Patrie c'est le peuple de tous les gens, du Président aux plus pauvres. »
— La solidarité, pour toi, qu'est-ce que c'est ?
17 élèves sur 23 n'ont rien répondu... pourtant ce n'est pas faute d'en parler... Et l'un d'eux nous offre même une perle : « La solidarité entre le chien et l'homme est magnifique. »

Journal Marie France

1 Ils ont onze ans, ces enfants. Auriez-vous pu donner une définition de « la solidarité » à onze ans ? Deux de ces trois questions demandent des définitions d'idées abstraites : qu'est-ce que cela implique pour l'éducation des jeunes Français ?
2 Essayez d'expliquer pourquoi l'enfant a fait chacune des réponses citées.

2 Le système gouvernemental français comporte un Président aux pouvoirs mal définis (mais qui sont néanmoins des pouvoirs réels), élu directement pour sept ans ; un Premier ministre nommé par le Président (et qui peut être membre d'un autre parti politique que celui du Président) ; un gouvernement choisi par le premier ministre ; et l'Assemblée nationale élue pour cinq ans et qui considère, accepte ou rejette les lois proposés du gouvernement.

Il y a une deuxième chambre (le Sénat), composée de représentants du gouvernement local, et avec peu de pouvoir.

A l'autre bout de la gamme il y a les communes, les plus petites unités du système, qui élisent des conseils muncipaux (et les conseillers muncipaux à leur tour élisent un de leur nombre maire). Entre le gouvernement central et les communes : les régions, jusque récemment sans grande importance, mais auxquelles on essaie de donner de plus en plus de pouvoir.

Les Français en général se soucient toujours fort peu de ce qui arrive, politiquement, au niveau de la région. Traditionnellement, c'est le gouvernement central qui exerce le pouvoir en France (la Révolution française était, en effet, une révolution parisienne). Même les maires, une fois élus, deviennent des fonctionnaires, des représentants de Paris. Depuis quelque temps on essaie de décentraliser le pouvoir ; toutefois, en comparaison avec la Grande-Bretagne, c'est toujours au centre, à Paris, que réside presque tout le pouvoir.

Mais où exactement à Paris : à l'Élysée ou au Matignon, chez le Président ou chez le Premier ministre ? Cette question se pose seulement depuis 1986, quand, pour la première fois, la France a vécu la « cohabitation » d'un président et d'un premier ministre aux positions politiques opposées. Qui possède, en effet, le vrai pouvoir ? Qui est-ce qui gouverne la France – le Président ou le Premier ministre ?

Ce problème est devenu pour la première fois critique après les élections législatives de 1986. Voici Jean Boissonnat, écrivant dans *Le Parisien* le lendemain des élections et qui explique les difficultés que va produire la situation nouvelle . . .

La voix du peuple

Le peuple français a eu du mal à se donner une nouvelle majorité. Cela devrait réjouir le chef de l'État, qui avait réformé le mode de scrutin pour freiner l'opposition et pour sauvegarder autant qu'il était possible le Parti socialiste. De ce point de vue, François Mitterrand a atteint ses objectifs.

Cela n'empêche pas le président de la République de se retrouver dans une situation complètement inédite depuis les origines de la Ve République. C'est la première fois, en effet, qu'un président en place perd les élections législatives. Il n'a plus, au Parlement, une majorité représentative de sa majorité présidentielle. Voilà donc une élection qui tranche un débat (entre la gauche et la droite, cette fois au

profit de la droite) pour en ouvrir un autre (entre le pouvoir du président et celui du Parlement). Depuis 1959 jusqu'à hier, la France n'avait qu'un seul pouvoir politique. Ce matin, elle en a deux.

C'est la conséquence logique du scrutin de dimanche. Ce n'est pas la seule. La défaite de la gauche n'est pas une surprise. L'union entre communistes et socialistes avait déjà éclaté en 1984. Les socialistes ne pouvaient pas gagner avec leurs propres forces. Au total, ils ne s'en sortent pas si mal puisqu'ils constituent le groupe le plus important à l'Assemblée et que tous les leaders conservent leurs sièges.

Les grands vaincus, ce sont les communistes. En dix ans, ils

auront perdu la moitié de leurs suffrages, ce qui constitue un effondrement dont les précédents ne sont pas nombreux en France. En revanche, l'autre grand parti du mécontentement, le Front national, fait une entrée spectaculaire à l'Assemblée.

Il n'empêche que les Français se rassemblent autour de deux grandes familles politiques : les socialistes à gauche, et les libéraux à droite. A elles deux, ces familles regroupent en effet les trois quarts des suffrages. Reste à organiser entre elles une alternance sereine. Mais l'alternance est-elle compatible avec la cohabitation ? . . .

Jean Boissonet

Le Parisien

inédit unprecedented
trancher settle
le suffrage vote

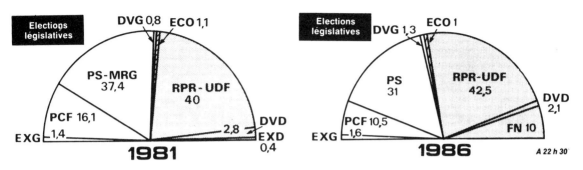

Elections législatives 1981 et 1986: pourcentage des voix

Elections législatives

DVG 0,8 ECO 1,1

PS-MRG 37,4

RPR - UDF 40

PCF 16,1

EXG 1,4

DVD 2,8

EXD 0,4

1981

Elections législatives

DVG 1,3 ECO 1

PS 31

RPR-UDF 42,5

PCF 10,5

EXG 1,6

DVD 2,1

FN 10

1986

A 22 h 30

Le Parti socialiste demeure la plus importante des formations politiques françaises, mais la coalition R.P.R.-U.D.F. le distance nettement. Le balancier politique est revenu très loin à droite, puisque le Front national, pour la première fois, égale presque en nombre de voix, le Parti communiste.

DVG=Divers gauche
RPR=Rassemblement pour la République
UDF=Union pour la Démocratie française
PS=Parti socialiste
MRG=Mouvement des Radicaux de gauche
ECO=Écologistes
FN=Front national
EXG=Extrême gauche
PCF=Parti communiste français

le balancier pendulum

- Vous êtes commentateur politique du quotidien communiste L'*Humanité*. C'est le lendemain des élections 1986. Écrivez un commentaire comme celui de Jean Boissonnat sur les résultats des législatives, mais qui les montre sous le meilleur jour possible pour le parti communiste.

3 Les origines de cette situation de cohabitation entre président et premier ministre de philosophies politiques opposées datent de la fondation de la cinquième République en 1959. La constitution de cette République a été inventée à la mesure du général de Gaulle, homme fort qui trônait comme Napoléon au-dessus des politiciens de son temps. Nous avons demandé à René-Martin Simonet, journaliste du *Parisien*, de nous expliquer ces origines. Écoutez le premier extrait de ce qu'il nous a dit, puis résumez en anglais le contenu de cet extrait en deux paragraphes, avec titre : « De Gaulle and the birth of the Fifth Republic ».

remettre en question call into question
étendu extensive
le rassemblement rallying

incarner embody
voter (*here*) pass ; ratify

Mais de Gaulle a légué des problèmes à ses successeurs. Pompidou, Giscard d'Estaing, même, au début, Mitterrand ont travaillé avec des ministres et un parlement qui partageaient leur point de vue politique. C'est seulement en 1986 que le président se trouvait en face d'un parlement où la majorité lui était opposée. Il a choisi comme premier ministre – et c'était en réalité le seul choix qu'il puisse faire – le chef de la nouvelle majorité, Jacques Chirac. Et la cohabitation a commencé.

Ses problèmes aussi. Dans le second extrait de notre enregistrement de René-Martin Simonet, celui-ci parle de quelques-uns des problèmes de cette cohabitation curieuse, et du « modus vivendi » qui s'ensuivit. Faites des notes, puis écrivez deux paragraphes en Français sur la cohabitation et ses problèmes.

le clivage rift
se garder de take care not to

la polémique controversy
à belles dents tooth and nail

4 Pendant le demi-siècle dernier la France s'est transformée politiquement, peu à peu. Un pays regorgeant de petits partis politiques est devenu un pays de deux grands partis, le Parti socialiste à gauche et la coalition « libérale » RPR-UDF à droite. Considérons maintenant, comme exemple d'un parti politique français, le plus grand de ces partis, le Parti socialiste.

Voici tout d'abord sa publicité principale pendant les élections législatives :

JE VEUX RÉCOLTER CE QUE J'AI SEMÉ A GAUCHE

la case départ square one

Finalement je ne suis pas déçu. On nous a demandé des efforts, à nous comme à tout le monde. Aujourd'hui nous commençons à voir les résultats. Pour la première fois depuis 20 ans, l'inflation est maîtrisée ! Oui, ce que la droite n'a pas réussi en 20 ans, la gauche l'a réussi en moins de 5 ans. Grâce à cela, de nouveaux progrès sont réalistes. Déjà le chômage a reculé. Il est donc possible de continuer. Et pourtant, tout le monde a droit aujourd'hui à une cinquième semaine de vacances ! Tout le monde a droit à la retraite à 60 ans ! La liberté d'expression a été renforcée avec 1300 radios libres et bientôt 5, 6 ou 7 télés ! La gauche est en train de réussir "ce qui semblait impossible". Alors, je la soutiens totalement. Je ne veux pas d'un retour à la case départ. Je veux vivre. C'est possible avec la gauche.

- Quelle est votre première réaction à cette publicité ? Est-ce que toutes les réussites dont se vante le parti pourraient figurer dans une publicité du parti socialiste britannique ?

5 Et voici *Le Figaro*, grand journal de la droite, qui, six mois après ces mêmes élections législatives, analyse le politique et les possibilités pour le P.S. d'un autre point de vue :

Le P.S. à la croisée des chemins
Quel socialisme ? Quel programme ? Quels leaders ?

Quel est aujourd'hui le projet du parti socialiste ? Une question qui contient quatre interrogations fondamentales :

1 Quel socialisme peut aujourd'hui être proposé aux Français ? Les contorsions de langage tentent certes de concilier « *l'impératif de modernité* » et « *l'héritage du socialisme* », mais la question n'est toujours pas clairement tranchée. La référence de la P.S. sera-t-elle un socialisme « *authentique* », un tantinet doctrinaire, orienté vers « *le peuple de gauche* », ou un modèle social-démocrate, pragmatique mais aussi opportuniste, tendant davantage vers un centrisme que vers un ouvriérisme protestataire ?

2 Quel programme présenter aux électeurs ? Le parti socialiste est,

là encore, dans l'expectative. La recherche d'un véritable projet, capable de mobiliser les militants et de capter les électeurs, est pour le moment au point zéro. « *L'État-providence* » ne fait plus illusion. Le P.S. lui-même en convient en se gardant bien de reprendre les thèmes quelque peu archaïques du vieux « *Programme commun de la gauche* ».

3 Quel leader mettre en avant ? Cette question n'est pas la moindre quand on sait l'importance des personnalités dans la vie politique moderne. Lionel Jospin... Laurent Fabius... Pierre Mauroy... Michel Rocard... ? Le leadership est pour le moins problématique. Même si la personnalité de François Mitterrand semble faire l'unanimité. Mais la

popularité du président de la République est inversement proportionnelle à son activisme politique. Satisfaits d'un président « *inerte* », les Français pourraient se désolidariser d'un « *président-candidat* », reprenant la bannière du parti socialiste.

4 Quelle alliance, enfin, peut nouer le P.S. ? Fort d'un potentiel de voix avoisinant un tiers de l'électorat, devenu la force dominante de la gauche, le P.S. n'en a pas moins besoin d'apports extérieurs. Or, avec le parti communiste, depuis juillet 1984, c'est la « guerre froide », et les rapports ne semblent guère se réchauffer. Avec le M.R.G., c'est également la tension : les radicaux de gauche dénoncent « *l'impérialisme* » du grand frère socialiste.

Le Figaro

un tantinet slightly ; a shade
l'ouvriérisme (*m*) trade-unionism
être dans l'expectative (*f*) be cautiously waiting

l'État-providence (*m*) welfare state
se désolidariser withdraw one's support
l'apport (*m*) contribution

● Vous travaillez pour une agence internationale de presse. Sans rien perdre d'important dans le contenu, rédigez un résumé anglais de cet article en employant un maximum de 250 mots.

6 Quelle sorte de personne est-il, le (ou la) socialiste français ? Dans un sondage révélateur, *Vendredi Samedi Dimanche* l'a démasqué ! ...

la couleur worth
l'aune (*f*) yardstick

Côté culture, le socialiste moyen ressemble au Français moyen. Il plébiscite, comme la majorité des Hexagonaux, Jeanne d'Arc, et n'a guère de tendresse pour Robespierre. La force tranquille, oui, la révolution, non. Il roule en Renault, regarde des matchs de football, joue au loto, boit du bordeaux et trempe sa tartine dans son café. Chez les socialistes, autant que chez la moyenne des Français, on classe dans le même ordre la famille, l'amour et l'amitié. Alors, comment la tribu à la rose affirme-t-elle sa dif-

férence ? La culture fait davantage partie de son bagage : le socialiste va plus souvent au cinéma et au restaurant.

Côté caractère, le socialiste se voit « sensible », « gai », « tolérant », « généreux ». Il ne retient pas parmi ses qualités premières celle de travailleur, au contraire de l'ensemble de nos compatriotes : chez les socialistes, la couleur d'un homme ne se mesure pas à l'aune de son compte en banque.

Vendredi Samedi Dimanche

Et voici quelques-uns des résultats du sondage sur lesquels *Vendredi Samedi Dimanche* base les généralisations ci-dessus :

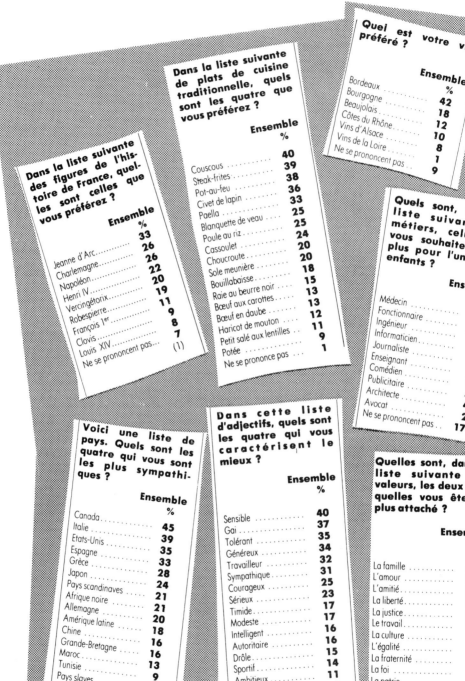

Quel est votre vin préféré ?

	Ensemble %
Bordeaux	42
Bourgogne	18
Beaujolais	12
Côtes du Rhône	10
Vins d'Alsace	8
Vins de la Loire	1
Ne se prononcent pas	9

Dans la liste suivante de plats de cuisine traditionnelle, quels sont les quatre que vous préférez ?

	Ensemble %
Couscous	40
Steak-frites	39
Pot-au-feu	38
Civet de lapin	36
Paella	33
Blanquette de veau	25
Poule au riz	25
Cassoulet	24
Choucroute	20
Sole meunière	20
Bouillabaisse	18
Raie au beurre noir	15
Bœuf aux carottes	13
Bœuf en daube	13
Haricot de mouton	12
Petit salé aux lentilles	11
Potée	9
Ne se prononce pas	1

Dans la liste suivante des figures de l'histoire de France, quelles sont celles que vous préférez ?

	Ensemble %
Jeanne d'Arc	33
Charlemagne	26
Napoléon	26
Henri IV	22
Vercingétorix	20
Robespierre	19
François 1er	11
Clovis	9
Louis XIV	8
Ne se prononcent pas	7
	(1)

Quels sont, dans la liste suivante de métiers, celui que vous souhaiteriez le plus pour l'un de vos enfants ?

	Ensemble %
Médecin	17
Fonctionnaire	14
Ingénieur	11
Informaticien	9
Journaliste	8
Enseignant	7
Comédien	6
Publicitaire	5
Architecte	4
Avocat	2
Ne se prononcent pas	17

Voici une liste de pays. Quels sont les quatre qui vous sont les plus sympathiques ?

	Ensemble %
Canada	45
Italie	39
Etats-Unis	35
Espagne	33
Grèce	28
Japon	24
Pays scandinaves	21
Afrique noire	21
Allemagne	20
Amérique latine	18
Chine	16
Grande-Bretagne	16
Maroc	13
Tunisie	9
Pays slaves	8
Algérie	7
Moyen-Orient	6
URSS	4
Ne se prononcent pas	6

Dans cette liste d'adjectifs, quels sont les quatre qui vous caractérisent le mieux ?

	Ensemble %
Sensible	40
Gai	37
Tolérant	35
Généreux	34
Travailleur	32
Sympathique	31
Courageux	25
Sérieux	23
Timide	17
Modeste	17
Intelligent	16
Autoritaire	16
Drôle	15
Sportif	14
Ambitieux	11
Cultivé	9
Elégant	7
Ne se prononcent pas	4

Quelles sont, dans la liste suivante des valeurs, les deux auxquelles vous êtes le plus attaché ?

	Ensemble %
La famille	42
L'amour	35
L'amitié	32
La liberté	28
La justice	24
Le travail	14
La culture	8
L'égalité	7
La fraternité	4
La foi	4
La patrie	1
Ne se prononcent pas	2

(1) *Pourcentage supérieur à 100, en raison des réponses multiples.*

le pot-au-feu boiled beef with vegetables
le civet (game) stew
la blanquette white meat stewed in a white sauce
le cassoulet Languedoc bean stew
meunière (fish) fried in butter with parsley
la bouillabaisse rich fish soup from Provence

la raie skate
en daube braised
le haricot de mouton Irish stew
le petit salé pickled pork
la potée ham (or pork) and vegetable stew
le comédien actor

● Les singularités repérées par VSD ne sont pas les seules dénichées par cette enquête. Examinez les tableaux à gauche, en cherchant des traits que vous trouvez inattendus ou même bizarres chez un socialiste typique tel que vous le concevez. Est-ce que vous pouvez expliquer quelques-unes de ces singularités ? Sont-elles plus typiquement françaises que socialistes ? Prenez des notes, puis expliquez vos idées à la classe.

◢ **7** Le sondage ci-dessus montre déjà que le socialiste stéréotypé ne correspond plus à l'actualité. Un autre sondage du *Nouvel Observateur* le confirme et démontre que les Français, du moins ceux des deux grands partis, s'accordent sur plus de choses qu'on n'eût pensé...

L'accord caché des Français

accolé combined
susciter arouse
l'électorat (*m*) body of voters
s'il en fut if anything ever was

La France coupée en deux ? C'est une réalité que les sondages mettent en évidence, et que les résultats de chaque élection confirment. Mais fouillez dans la masse des réponses, disposez-les différemment, et vous verrez apparaître une nouvelle image de la France, réunie autour de plusieurs notions fortes et de quelques valeurs clés. Tout cela signifie-t-il que le clivage droite-gauche est désormais une illusion ? Non, bien sûr. Il existe encore bel et bien, malgré les ponts qui, de plus en plus souvent, c'est un fait, le traversent...

La tradition bipolaire de la Ve République, le clivage droite-gauche est supposé tout structurer. Mais qui prend la peine d'analyser les sondages découvre un paysage autrement contrasté. Des zones de consensus se dessinent. Famille, travail, patrie : Pétain disposait-il de sondages privés pour mettre au point sa célèbre trilogie ? Sur ce point en tout cas, il voyait juste, et quarante-cinq ans plus tard, ces trois valeurs — certes non accolés — suscitent un attachement profond. Rechercher les écarts entre les électorats n'aurait pas de sens ici.

Les grandes valeurs de référence sont parfois plus précises. Les principes égalitaires qui fondent la société française relèvent de cette catégorie. 90% des Français veulent maintenir les allocations familiales aux travailleurs immigrés qui cotisent à la Sécurité sociale. Sur un autre mode, c'est ce même égalitarisme qui fonde le refus de la suppression de l'impôt sur les grandes fortunes. Tous les électorats, y compris UDF et RPR, sont attachés à cette réforme fiscale, symbolique s'il en fut.

Un consensus dense peut apparaître en faveur d'une idée ou d'un mot mais aussi contre une idéologie. Telle est la dernière zone de consensus total, le rejet des extrêmes. Le marxisme est désormais écarté – même les communistes y voient quelque chose de négatif (59% contre 29% de positif), avec un pourcentage accablant qui donne une idée des difficultés auxquelles la direction du PC doit faire face. Autre surprise de cette enquête : le conservatisme est massivement rejeté. Il n'est perçu positivement que par 29% des lepénistes, 28% des RPR, 24% des UDF. «Vive le libéralisme! » Tel est le cri majoritaire dans tous les électorats – sauf chez Le Pen.

L'opinion publique, sur nombre de points, se divise en une grande famille centrale (PS, RPR et UDF) face à deux groupes plus extrêmes (PC et FN)...

——————— *Le Nouvel Observateur*

Voici une sélection des résultats sur lesquels est basé l'extrait ci-dessus :

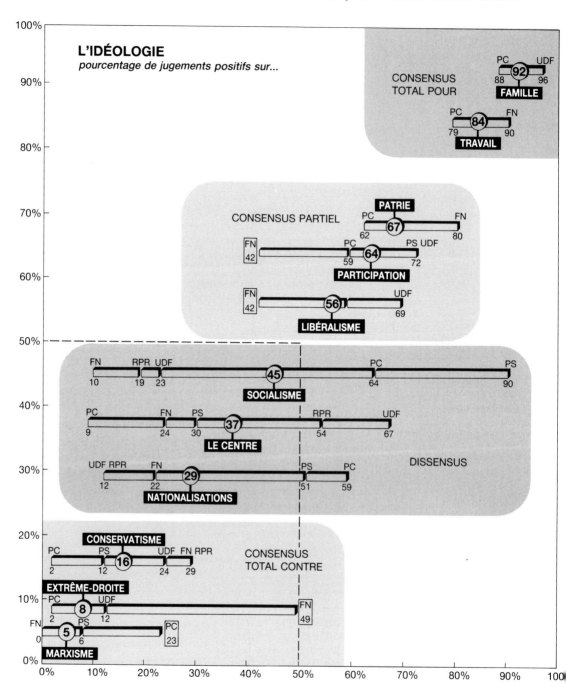

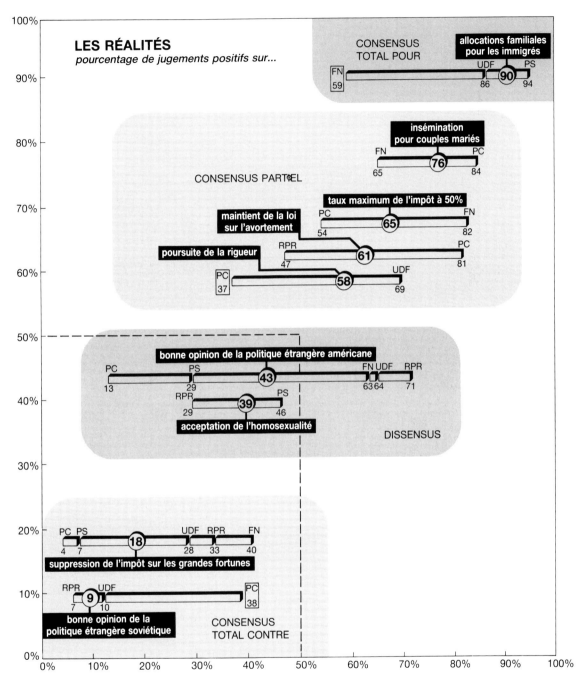

LES RÉALITÉS
pourcentage de jugements positifs sur...

CONSENSUS TOTAL POUR

allocations familiales pour les immigrés
FN 59 — UDF 86 — 90 — PS 94

CONSENSUS PARTIEL

insémination pour couples mariés
FN 65 — 76 — PC 84

taux maximum de l'impôt à 50%
PC 54 — 65 — FN 82

maintient de la loi sur l'avortement
RPR 47 — 61 — PC 81

poursuite de la rigueur
PC 37 — 58 — UDF 69

bonne opinion de la politique étrangère américane
PC 13 — PS 29 — 43 — FN 63 UDF 64 — RPR 71

acceptation de l'homosexualité
RPR 29 — 39 — PS 46

DISSENSUS

suppression de l'impôt sur les grandes fortunes
PC 4 — PS 7 — 18 — UDF 28 — RPR 33 — FN 40

bonne opinion de la politique étrangère soviétique
RPR 7 — 9 — UDF 10 — PC 38

CONSENSUS TOTAL CONTRE

l'avortement (*m*) abortion

- En travaillant cette fois-ci à deux, considerez ces tableaux qui indiquent les accords relatifs des partis politiques, en cherchant ce que vous y trouvez d'inattendu ou même de bizarre et en essayant de vous l'expliquer. Rapportez en classe les idées que vous avez formulées et continuez là la discussion.

◢ **8** Enfin, encore une évidence que le Français peut donner une dimension politique à tout, même, dans ce cas, aux pantoufles ! ...

B
Lisez ce commentaire à haute voix à votre partenaire. S'il (ou elle) ne le comprend pas, expliquez-le-lui !

A
Écoutez ce commentaire lu par votre partenaire, sans le lire vous-même. Posez-lui des questions si vous n'avez pas tout compris ; si votre partenaire n'a pas compris ce qu'il (elle) a lu, expliquez-le-lui !

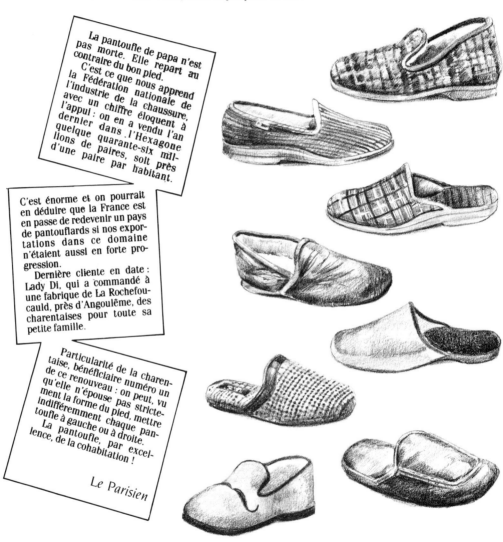

La pantoufle de papa n'est pas morte. Elle repart au contraire du bon pied.
C'est ce que nous apprend la Fédération nationale de l'industrie de la chaussure, avec un chiffre éloquent à l'appui : on en a vendu l'an dernier dans l'Hexagone quelque quarante-six millions de paires, soit près d'une paire par habitant.

C'est énorme et on pourrait en déduire que la France est en passe de redevenir un pays de pantouflards si nos exportations dans ce domaine n'étaient aussi en forte progression.
Dernière cliente en date : Lady Di, qui a commandé à une fabrique de La Rochefoucauld, près d'Angoulême, des charentaises pour toute sa petite famille.

Particularité de la charentaise, bénéficiaire numéro un de ce renouveau : on peut, vu qu'elle n'épouse pas strictement la forme du pied, mettre indifféremment chaque pantoufle à gauche ou à droite.
La pantoufle, par excellence, de la cohabitation !

Le Parisien

partir du bon pied set off on the right foot
être en passe de be in a fair way to
la charentaise slipper (*originally from Charente*) of black felt and leather

86

Soigner sa ligne

1 Lisez d'abord ce court article de L'*Express* sur ce qu'il appelle « un petit grand restaurant ». Il évoque l'attitude des Français envers la bonne chère, éclaire un peu les attraits d'une cuisine soignée, élégante, et explique peut-être pourquoi les Français paraissent être obsédés des régimes...

bonhomme simple;
  unsophisticated
l'abside (*f*) apse
allant lively
la gouvernante
  housekeeper
croquer crunch; be
  crunchy
la caille quail
le bêlement bleating; baa-
  ing
largement amply;
  generously
franc real; proper
tirer sur incline towards
le passe-partout all-
  purpose; run of the mill
méconnu unappreciated;
  little-known

Le quai de la Tournelle finit là où commence l'agitation touristique provoquée par Notre-Dame. Dans cet îlot de calme, le restaurant **Miraville** propose une cuisine paisible dans une atmosphère bonhomme. De la terrasse, entourée de baies vitrées, on voit l'abside de la cathédrale, mais les propriétaires du lieu n'en ont pas profité, comme c'est si souvent le cas, pour multiplier les tables.

Confortablement installé, chacun est chez soi, et le public est divers. Ici, deux jeunes couples d'humeur allante, légers et court vêtus, semblent fêter le succès de leurs ultimes examens. Là, un client isolé et strict prend son repas seul en lisant le journal : c'est peut-être le jour de sortie de sa gouvernante. A côté, une vedette de la télévision dîne en compagnie d'un jeune homme d'allure sérieuse. Plus loin, quatre touristes américains s'extasient à chaque plat qu'on leur sert.

L'extase est exagérée, mais la salade de légumes rafraîchit, croque et goûte bien, tandis que les cailles et le chou vert s'unissent pour le meilleur en une salade inhabituelle. L'agneau en croûte provoqua chez nos voisins des bêlements de bonheur qui influencèrent notre choix : l'animal se révéla savoureux, juteux, fondant et largement servi.

La poule de Bresse mérite de solides compliments : voilà une volaille franche, à qui tout a profité et qui vient finir dans votre assiette une vie que l'on devine heureuse. Les desserts manquent d'un peu de génie, les sorbets tirent sur le passe-partout. (A bas les fruits de la Passion !)

Curiosité : le Miraville tient en sa cave du rully, vin méconnu de Saône-et-Loire, qui, tout en vous permettant de rester à la mode (celle du « petit rouge qui se boit frais »), vous changera agréablement de vos habitudes. Il est un peu cher (89 F), et il faut déplorer une fois de plus que les restaurateurs en général perdent si facilement la raison dès qu'il s'agit de vin. Cela dit, l'addition du Miraville (460 F pour deux) se situe à la hauteur de l'établissement, celle d'un petit grand restaurant.

L'*Express*

- Considérez la clientèle, les plats, l'ambiance et les prix de ce restaurant, et le style de l'auteur (surtout quand il parle des animaux qui ont fourni la viande de son repas). Trouvez-vous des choses ici que vous estimez « spécialement françaises » ?

2 Avant d'aborder les régimes amaigrissants, il faut considérer le problème de base, celui de la bonne alimentation : une alimentation saine et équilibrée. Voici les besoins quotidiens et hebdomadaires d'un adulte en bonne santé, selon *Marie Claire* :

Lait :	½ litre de lait écrémé ou 250 g de fromage blanc à 0% . Tous les jours.
Fromage :	à volonté en remplacement des protéines animales dans un repas.
Œufs :	pas plus de quatre fois par semaine.
Fruits de saison :	à volonté, le matin et au déjeuner, à condition qu'ils soient bien mâchés et toujours pris en début de repas.
Volaille :	à volonté.
Légumes cuits :	300 g par jour, les plus variés, selon la saison.
Saucisson, charcuterie :	80 g par jour à condition de supprimer les autres matières grasses.

Viande rouge:	deux fois par semaine, de préférence au déjeuner. Porc et agneau sans problèmes s'ils sont grillés.
Poisson et crustaces:	à volonté.
Vin:	75 cl par semaine de très bon vin, à boire en une ou plusieurs fois selon ses goûts. A ne pas supprimer (sauf contre-indication exceptionnelle): le vin possède des sels minéraux qu'on ne trouve pas ailleurs.
Fraises et framboises:	le meilleur dessert, car peu calorique et peu riche en fibres. Peuvent se consommer pour cette raison à la fin du repas.
Matières grasses:	par jour: 15 g de beurre; ou 1 grande c. à soupe de crème fraîche, plus digeste; ou 2 c. à soupe d'huile végétale (tournesol, maïs, olive).
Féculents:	un seul par jour, soit: 60 g de pain complet; ou 1 bol de riz, de lentilles, de haricots secs, de couscous, de pâtes; ou 2 grandes pommes de terre.
Crudités:	300 g par jour, à consommer toujours au début du repas et à très bien mâcher.
« Hydromel »:	un citron pressé avec 1 c. à dessert de miel. A prendre vers 17 heures pour avoir trois heures d'une forme extraordinaire et cela en remplaçant du thé ou du café.
Abricots secs:	un par jour au minimum pour être sûr d'avoir sa dose de vitamine A.
Chocolat:	100 g par semaine en une seule ou plusieurs fois. Il faut en consommer, c'est notre source de magnésium.
Eau:	1,5 l d'eau pure par jour, en plus du thé, café, jus de fruits, etc.

Marie Claire

le fromage blanc soft cream cheese	**le tournesol** sunflower
la framboise raspberry	**le féculent** starchy food
la crème fraîche fermented double cream	**le pain complet** wholemeal bread
	le miel honey

● A deux : considérez avec soin cette liste d'aliments composée par Marie Claire à l'aide d'une spécialiste française de la nutrition. Qu'est-ce que vous y trouvez d'inattendu ? Est-ce qu'il y a beaucoup de différence entre ces recommandations et ce que vous mangez vous-même chaque jour ou chaque semaine ? Rapportez vos idées à la classe.

3 Mais enfin, on essaye là d'établir les bases d'une alimentation saine pour les gens de poids normal. Beaucoup de Français, et surtout de Françaises, essayent de maigrir. Celles-ci semblent obsédées par les régimes amaigrissants : presque la moitié des Françaises a déjà essayé de maigrir. Mais avec quel succès? Vous avez ci-contre quelques résultats d'un sondage récent de *Marie Claire* . . .

1 Des femmes qui se disent trop fortes, combien ont essayé de maigrir ?

2 Pour les femmes qui veulent perdre des kilos, est-ce que c'est seulement « les kilos d'avant les vacances » (ceux qui rendent difficile le passage d'un maillot de bain !), ou est-ce que c'est une rondeur plus importante ?

3 Est-ce que la méthode préférée de la plupart des femmes vous surprend ? Est-ce qu'il y a d'autres choses sur le quatrième tableau qui vous surprennent ?

4 Est-ce que le cinquième tableau représente ou non l'échec pour le régime alimentaire ?

5 Avez-vous jamais essayé de maigrir ? Avec quel succès ? Interrogez la classe en général : est-ce qu'il y a des différences entre les garçons et les filles sur cette question ?

Question: À propos de votre poids, estimez-vous que...

	ENSEMBLE DES FRANÇAIS
...vous avez des kilos à perdre ?	45%
...vous avez des kilos à prendre ?	5%
...votre poids est satisfaisant ?	48%
Sans opinion	2%

Question: Selon vous, combien de kilos avez-vous en trop ?

	ENSEMBLE DES FEMMES QUI ESTIMENT AVOIR DES KILOS À PERDRE
Moins de 3 kg	14%
De 3 à 5 kg	37%
De 5 à 10 kg	25%
Plus de 10 kg	23%
Sans opinion	1%

Question: Avez-vous déjà essayé de maigrir ?

	ENSEMBLE DES FEMMES
Oui, j'essaye au moins tous les ans	12%
Oui, quelquefois	31%
Non, jamais	56%
Sans opinion	1%

Question: Sur quoi était basée la dernière méthode pour maigrir que vous avez suivie ?

	ENSEMBLE DES FEMMES AYANT DÉJÀ ESSAYÉ DE MAIGRIR*
Un régime alimentaire	91%
Une prise de médicaments	10%
L'exercice sportif	17%
Un traitement local (ex: crème amincissante)	4%
Une thérapie de groupe	1%
L'acupuncture	1%
L'homéopathie	3%
La phytothérapie (soins par les plantes)	3%
Autres	5%
Sans réponse	1%

Question: Quel a été le résultat de ce dernier méthode ?

	ENSEMBLE DES FEMMES AYANT DÉJÀ ESSAYÉ DE MAIGRIR
Vous avez réussi à perdre des kilos mais vous les avez repris dans les mois qui ont suivi	50%
Vous avez réussi à perdre des kilos et vous n'avez pas ou presque pas repris de poids	39%
Vous n'avez pas maigiri	10%
Sans réponse	1%

Marie Claire

*Le total des pourcentages est supérieur à 100, les personnes interrogées ayant pu donner plusieurs réponses.

4 Bon, on est peut-être d'accord pour suivre un régime, mais quel régime ? Il y en a plein. On peut baser un régime amaigrissant sur n'importe quoi, paraît-il, des pamplemousses aux œufs trempés dans le vin blanc. *Marie Claire* adore les régimes : le magazine offre toujours de nouvelles possibilités à ses lectrices. Voici quelques suggestions d'aliments qui peuvent contribuer à l'amaigrissement, tirées de diverses éditions du magazine : choisissez-en une au hasard, prenez des notes si nécessaire seulement sur les pourcentages, puis, sans reconsulter le texte, expliquez-la à la classe.

Céréales: mais non, elles ne font pas grossir!

rassasié satisfied ; 'full up'

Parmi les aliments qui nous fournissent l'indispensable énergie, les céréales sont injustement considérées comme les plus calorifiques. Quelle erreur! Révisez ici ce préjugé. Sans paradoxe, on pourrait presque en faire la base des régimes amaigrissants.

Les céréales représentent un aliment bon marché, nutritif et très équilibré. Sans en refaire notre alimentation de base, il faut leur rendre leur place comme fournisseur d'énergie. Il serait souhaitable qu'elles apportent 45% de la ration calorifique. Une ration moyenne (60 g poids cru, soit 150 g cuit) n'apporte guère que 200 calories : le cinquième des besoins calorifiques d'un repas, la même chose que les deux cuillerées à soupe d'huile d'une salade ou d'un bifteck de 100 g. Et l'on est rassasié avant même d'avoir terminé! . . .

Marie Claire

Que vous vouliez ou non perdre du poids, voici comment choisir vos fromages...

onctueux unctuous ; creamy
le fromage frais sort of smooth cottage cheese
engraissant fattening
saupoudrer sprinkle

Étranges, les relations que nouent avec le fromage beaucoup de celles qui suivent un régime amaigrissant.

« Je ne mange que du fromage blanc à 0% », disent les unes, se condamnant ainsi à l'insipidité. Pourquoi se priver du « 20% », déjà plus onctueux, voire du « 40% » ?

En effet, le pourcentage de matière grasse d'un fromage est calculé sur la fraction solide qui, dans les fromages frais, représente 8 à 10% du total, l'eau constituant 90 à 92% . Les 8 à 10 g de matière solide apportés par 100 g de fromage à 20% contiennent donc 2 g de matière grasse. C'est négligeable, et sûrement moins engraissant que le sucre dont on saupoudre son fromage...

Marie Claire

Le café fait-il maigrir?

Oui, a constaté Mme Louis Sylvestre, du laboratoire de neurobiologie du Collège de France. En effet, il augmente la thermogénèse (la production de chaleur par l'organisme) dans les trois heures qui suivent son ingestion : on perd ainsi 25 calories par repas. Ce n'est pas énorme mais cela fait quand même, en principe, 2 kilos par an! (Inutile cependant de devenir caféinomane...)

Marie Claire

Autre possibilité : ne rien manger du tout. Ça, *Marie Claire* le déconseille !

Jeûner pour maigrir ?

jeûner fast
la fonte melting ; reduction

« Il faut bien savoir que, si l'on jeûne pour maigrir, c'est une catastrophe, dit le Dr Kourdouly, nutritionniste. Paradoxalement, le jeûne fait grossir quand on a du poids à perdre. Les cures d'amaigrissement basées sur cette pratique l'ont prouvé. Ainsi les cures américaines : trois jours de jeûne puis quatre jours de régime basses calories, n'ont pas eu de bons résultats. A la fin des cures, les gens ont regrossi.

« On a constaté que, même si les jeûnes sont entrepris dans les meilleures conditions, en consommant des protéins (pour éviter la fonte musculaire) et en buvant, les gens qui mangent très peu ou qui jeûnent pendant trois ou quatre jours maigrissent certes mais regrossissent ensuite plus qu'avant quand ils recommencent à manger normalement, et même avec un régime plus hypocalorifique qu'auparavant... »

Marie Claire

 5 Des régimes amaigrissants peuvent prendre toutes sortes de formes. Écoutez maintenant ce que nous a dit Monique Duverger, qui a suivi pendant six mois un régime vraiment curieux.

la paraffine (liquid) paraffin   **dissocié** discontinuous ; discrete
faire lever le pied take your foot off the
brake

1 Écoutez encore une fois la première partie de l'enregistrement (deux fois si nécessaire) et prenez des notes sur le régime de Monique. Rédigez ensuite ce régime comme si vous étiez son médecin.
2 Est-ce qu'elle a eu des succès avec ce régime ? Lesquels ? Combien de temps a-t-elle pris pour perdre du poids ? Qu'est-ce qui est arrivé lorsqu'elle a renoncé à ce régime ?
3 Nicole lui parle d'un autre régime : en quoi est-ce que celui-ci consiste ? Est-ce ce que Nicole le lui conseille ?
4 Quel est cet autre régime dont parle Monique et qu'elle n'a pas encore essayé ? Croyez-vous qu'elle aura des succès avec celui-ci ? Pourquoi ?
5 Racontez des régimes que vous, vos parents, vos amis ont essayés, le plus curieux le mieux.

 6 Un régime, ce sont des principes à suivre, plus ou moins logiques et efficaces : manger plus de ceci, moins de cela. Mais, de la théorie à la pratique, il y a un gouffre pavé de chocolat, de sucreries... mais que l'on peut éviter en usant de petits trucs qui permettent de l'appliquer...

1 A deux : lisez ces 16 trucs pour éviter de trop manger et triez-les ainsi qu'il suit :
    a ceux que vous trouvez nouveaux et bien
    b ceux que vous trouvez bêtes
    c ceux que vous avez déjà essayés (avec quel succès ?)
    d ceux qui s'appliquent seulement dans un contexte français (pourquoi ?)
2 En classe, ensuite : comparez vos classements et racontez vos propres trucs, si vous en avez.

1. Mangez dès que vous avez faim mais peu à la fois; vous éviterez les fringales qui vous font dévorer. Manger peu rassasie autant que manger beaucoup, une demi-pomme autant qu'une pomme entière. Faites l'essai.

2. Mâchez lentement, votre demi-pomme, par exemple, en savourant chaque bouchée, comme si vos réserves étaient vides et que vous n'aviez plus rien à manger.

3. Gardez toujours au réfrigérateur des légumes crus croquants: bouquets de jeune chou-fleur, carottes, céleri, radis, fenouil… épluchés et coupés (pour vous précipiter dessus sans attendre). Ils combleront vos creux en vous obligeant à croquer longuement, et sont peu calorifiques.

4. Essayez de ne pas manger seule. Manger en compagnie vous oblige à ralentir le rythme et à « rendre compte » aux interlocuteurs qui vous surveillent de ce que vous avalez.

5. Fractionnez vos aliments pour faire du volume. Une pomme râpée forme une montagne…

6. Pratiquez la compensation immédiate. Si vous vous offrez un gâteau à midi, supprimez un plat au dîner.

7. Mettez votre couvert avec une assiette à dessert: plus le contenant est petit, moins on se sert.

8. Pour réduire progressivement votre ration de sucre, remplacez le sucre en morceaux, difficile à fractionner, par du sucre en poudre.

9. Remplacez le réflexe salière par un tour de moulin à poivre. Ou mieux, ne laissez pas la salière à portée de votre main (non plus que le beurrier ni la corbeille à pain).

10. Coupez votre déjeuner en deux. A midi, vous mangez le plat garni, à mi-après-midi, fromage et fruits, en guise de goûter.

11. Sucez votre noyau. Garder dans la bouche le noyau de son dernier fruit: abricot, pruneau, cerise… retarde la survenue de la faim.

12. Sortez une demi-heure d'avance le beurre du réfrigérateur. Vous en étalerez moins sur vos tartines s'il est un peu mou que s'il était dur.

13. Portez des pantalons, des jupes ou des robes très ajustés à la taille: ils vous rapelleront à l'ordre si vous mangez assez pour être « gonflée ». (Les hommes à bretelles mangent plus que ceux à ceinture!)

14. Ne confondez pas salades et aliments peu calorifiques: une niçoise avec thon, harengs ou anchois, olives, pommes de terre (et huile d'olive) est un plat complet et riche.

15. Ne pensez pas que légumes et fruits soient interchangeables: les légumes apportent, en moyenne, 0 à 8% de sucre; les fruits, 10 à 20%.

16. Et le truc du Dr C.P. pour celles qui finissent tous les plats. A une cliente qui pesait 90 kg pour 1,55 m, il conseilla d'acheter un chien, qui finirait les restes à sa place. Quand la dame revint, elle ne pesait plus que 80 kg… mais traînait un chien obèse!

Marie Claire

---

la fringale hunger pang
le bouquet floret
le fenouil fennel
éplucher peel

fractionner split up
la salière salt cellar
le noyau (fruit) stone
la survenue onset

ajusté close-fitting
les bretelles (*f*) braces
la niçoise Nice salad (description follows in text)

▋7 Si le régime amaigrissant vous est difficile ou impossible, pourquoi pas une cure? « Prendre les eaux » n'est plus à la mode chez nous: cela sent même un peu la charlatanerie. Mais en France, comme ailleurs en Europe, les stations thermales sont toujours prises très au sérieux.

Mais pourquoi est-ce qu'on boit ces eaux nauséabondes? « *Imaginez-vous qu'elles sont bouillantes et d'un goût de salpêtre fort désagréable* » écrivit Madame de Sévigné, femme de lettres venue prendre les eaux à Vichy en 1676. Évidemment, on les boit précisément parce qu'elles sont si désagréables. Ça doit fait du bien, non?

● Les stations thermales, ce n'est pas seulement des eaux, c'est tout un rituel. Depuis la Belle Époque le rituel a tant soit peu changé, mais il reste quand même un rituel… Écoutez d'abord deux fois, sans le lire, cette description de la station thermale de Vichy comme elle était. Prenez des notes, si vous voulez, puis faites-en une courte résumé (un seul paragraphe).

accorder tune
vissé sur fixed on; glued to
l'essaim (*m*) swarm; bevy
répandre pour
le paquebot liner

Vichy. Parc des Sources. Dans le kiosque, les musiciens en uniforme à faire pâlir d'envie un général, accordent leurs instruments, l'œil vissé sur le chef d'orchestre. Des hommes, des femmes, assis sur des chaises en fer peint communient dans le même silence en attendant les premières mesures. Des couples, des essaims de costumes et de tailleurs bien ajustés, vont, viennent, apparemment sans but, mais tous parcourent un trajet quasi-rituel: Casino–Hall des Sources. Halte obligatoire aux buvettes où des donneuses d'eau remplissent les verres, répandent d'un geste précis le surplus sur le sol dallé, avant de les tendre, avec la quantité exacte, prescrite par le médecin, aux curistes. Instant sacré où l'on absorbe solennellement le liquide miraculeux. Fin du cérémonial: les verres regagnent leurs petits paniers d'osier ou bien on les laisse à la buvette avec un numéro.

Après l'intermède thermal, retour au luxe, aux distractions, au superflu. Au Carlton ou à l'Aletti, un de ces palaces, véritables paquebots immobiles ancrés au cœur de la ville, autour d'un verre non plus d'eau minérale mais de Cinzano ou d'anisette, on discute Bourse, on s'informe des amours des belles «malades», on dissèque le programme du lendemain: concert, opérette, ballets... Cliché aux couleurs sépia, images sereines, enclave irréelle, paradis hors du temps... ainsi apparaissait Vichy, figée dans notre mémoire.

Aujourd'hui, le décor reste inchangé ou presque, mais on boit les eaux en self-service, et dans le parc et sur les bords de l'Allier on rencontre une nouvelle race de bipèdes... Lisez la suite de l'extrait:

le training tracksuit
les baskets (*f*) training-shoes
le hammam Turkish bath
miser bet

En training et baskets, ces individius-là joggent, oubliant au rythme de leur course bilans, conseils d'administration, télex, sonneries de téléphone et autres stress... Sport, remise en forme, découverte de l'Auvergne: tout un programme de loisirs et de plaisirs qui devrait séduire cette clientèle qui, à Paris, Lyon et Nice, à l'heure du déjeuner, emplit les salles de gym, saunas, hammams en quête de quelques minutes de relaxation, d'harmonie, d'équilibre. «Dix jours à Vichy, dix ans de gagné»: c'est sur ce slogan alléchant que mise l'Institut de Vichy pour attirer à Vichy toute une clientèle jeune qui n'a souvent qu'une vision caricaturale de la ville d'eaux.

Signature

Anne-Marie Reby, journaliste intrépide, a essayé la nouvelle cure...

Pour jouer à la parfaite « forfaitiste », j'ai enfilé pendant 24 heures jogging et maillot de bains. En route pour l'Institut. Dès 8 heures du matin, oxygénation au petit pas de course dans les parcs. A mes côtés des hommes, des femmes soufflent eux aussi, sans trop souffrir apparemment. Pour moi, ce sont de véritables héros car il faut une sacrée dose de volonté et de courage pour préférer au farniente sous la couette cette petite promenade tonique. Mais on ne regrette pas cet effort car après, on se sent déjà mieux dans sa peau et on file sans rechigner vers l'Institut où un personnel particulièrement attentif est prêt à vous materner jusqu'à l'heure du déjeuner. J'ai testé les massages sous l'eau, garantis « décontractants ». Un épisode grandes eaux excellent pour les kilos superflus mais plus question d'espérer conserver un brushing présentable et moins encore après la grande douche au jet ! Entre deux séquences, halte dans une vaste cabine, où, confortablement blotti, au calme, dans un peignoir chaud, on savoure un moment de repos. Difficile de résister au sommeil, mais il faut enchaîner avec quelques mouvements de gym, histoire de dérouiller sa carcasse engourdie. Au choix, la gymnastique version sirène, autrement dit dans la piscine de l'Institut, ou plus traditionnellement, en salle.

La musculation comme fin en soi ne correspond à rien : chacune de ces machines à l'apparence barbare fait travailler un muscle ou un groupe musculaire, en particulier sangle abdominale détendue, épaules fatigués... Pour les colonnes vertébrales récalcitrantes, un drôle d'engin qui maintient la tête en bas et qui par la même occasion irrigue le cerveau d'une manière on ne peut plus directe.

Signature

le/la forfaitiste (package) group member	**le brushing** blow-dried styling
enfiler put on	**blotti** snuggled up
le jogging jogging-suit	**le peignoir** dressing gown
au petit pas de course at the double	**engourdi** torpid ; sluggish
le farniente (luxurious) idleness	**la sirène** mermaid
la couette (*fam.*) feather bed ; duvet	**la sangle** webbing ; tissues
sans rechigner with a good grace	**détendu** slack
grandes eaux with all fountains playing	**l'engin** (*m*) device

Et Madame de Sévigné s'est plainte du goût des eaux ! ...

● Quelle est votre opinion des gens qui font ces cures nouvelles ? Des masochistes ? Des prétentieux ? Des rechercheurs d'un corps idéal qui n'existe pas ? Des nouveaux riches qui veulent être à la mode ? Ou bien des gens modernes qui ont reconnu que leur vie normale est trop sédentaire, qui veulent se recréer une forme ? Voudriez-vous faire une cure pareille ?

  8

l'hypertension artérielle high blood pressure
sollicité tempted
la devanture shop window
brimé persecuted
se culpabiliser feel guilty

Mais est-ce du moins efficace ? Voici encore un témoignage. Écoutez Claude Ezra qui décrit sa cure à Brides-les-Bains...

1 L'efficacité de cette cure paraît dépendre de quoi ? Des eaux qu'on boit ? De la gymnastique qu'on fait régulièrement ? De ce qu'on mange ? De la décontraction générale ? Pourquoi perd-on du poids ?

2 Quels en ont été les résultats pour Claude ? Pourquoi a-t-elle continué de perdre du poids ? Pourquoi, à votre avis, si elle continuait de perdre du poids, a-t-elle refait la même cure l'année suivante ?

3 Quelle était la différence entre elle et ces « excellents mangeurs » de sa connaissance dont elle parle ?

◢ 9 Alors, vous voulez toujours maigrir ? Et vous croyez que vous avez tout essayé ? Faux ! Vous avez encore une possibilité, méthode d'origine sinon française, du moins francophone. Au Canada, pays où tout est possible, on maigrit par l'oreille. C'est ça, *par l'oreille* !

A
Lisez la publicité et expliquez à votre partenaire exactement de quoi il s'agit.
B
Écoutez ce que dit votre partenaire. Demandez-lui des explications des choses qui vous restent peu claires.

● En classe, ensuite : commentez la publicité !

le rein kidney	**stocké** stored-up
la vessie bladder	**la bille aimanté** magnetized ball-bearing
l'intestin grêle (*m*) small intestine	**hépathique (=qui rapporte au**
la vesicule biliaire gall bladder	**foie)** hepatic
la rate spleen	

11 Au-delà de l'Hexagone

1 Nous avons commencé la première unité de ce livre en constatant qu'il y avait 140 000 000 de francophones au monde. Ils sont répartis à travers le monde entier, mais la forte majorité se trouve en Europe, en Amérique du nord, en Afrique et en Asie de l'est.

Parmi les francophones qui n'habitent pas la France il y a beaucoup d'expatriés français. Comment voient-ils leur patrie ? Il se peut que cette situation leur offre un point de vue sur la France, qui diffère de celui du Français métropolitain. Nous avons donc parlé à trois Françaises qui vivent en Angleterre, mais qui retournent souvent en France. Écoutez ce qu'elles disent de leur patrie...

— Qu'est-ce qui a surtout frappé Natalie, qui vient de Corse et qui est assistante de français dans un lycée anglais ?

— Et Madeleine, qui vient d'un petit village près de Nice et qui est professeur à Londres, qu'est-ce qu'elle regrette lorsqu'elle retourne en France ?

— Micheline, Parisienne enseignant à Sheffield, parle plus longuement de ses compatriotes : comment les trouve-t-elle ?

● Prenez des notes, puis écrivez trois paragraphes sur les impressions de ces trois Françaises.

Natalie

Madeleine

Micheline

le remonte-pente ski lift
la brume mist
tendu tense ; strained

se vouloir claim to be
les biens de consommation consumer goods

2 Mais il ne faut jamais oublier que la plupart des francophones ne sont pas des Français. En Europe les Luxembourgeois, la moitié des Belges, un quart des Suisses parlent le français comme langue maternelle. Cette langue commune constitue un très fort lien entre eux, et également entre les autres pays de la communauté francophone...

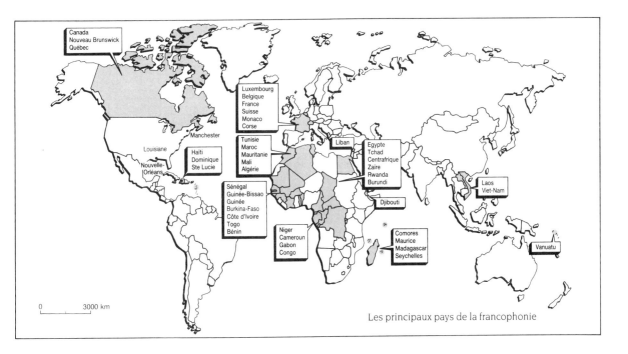

Les principaux pays de la francophonie

Dans la carte :

Canada
Nouveau Brunswick
Québec

Manchester

Louisiane

Nouvelle-
Orléans

Haïti
Dominique
Ste Lucie

Luxembourg
Belgique
France
Suisse
Monaco
Corse

Tunisie
Maroc
Mauritanie
Mali
Algérie

Liban

Egypte
Tchad
Centrafrique
Zaïre
Rwanda
Burundi

Laos
Viet-Nam

Djibouti

Sénégal
Guinée-Bissao
Guinée
Burkina-Faso
Côte d'Ivoire
Togo
Bénin

Niger
Cameroun
Gabon
Congo

Comores
Maurice
Madagascar
Seychelles

Vanuatu

0   3000 km

Le « Commonwealth » francophone

En célébrant il y a deux mois le 350e anniversaire de l'Académie Française, François Mitterrand a appris aux Immortels, qui travaillent avec la ténacité que l'on connaît à la mise à jour du dictionnaire, que la fabrication d'un nouveau prototype d'avion ou d'une centrale nucléaire entraîne « *l'invention de plusieurs dizaines de milliers de mots nouveaux* ».

C'est sur ce front que se jouera le destin de la francophonie. Alors que l'on s'achemine vers un monde où le dialogue de la voix humaine avec la machine sera quotidien, il s'agit de savoir si les ordinateurs sauront aussi parler français...

Le défi est d'autant plus grand que parmi les quarante pays qui se réclament à un titre ou à un autre de la francophonie il y a une importante cohorte d'États africains dont quelques-uns sont parmi les pays les plus pauvres du monde. Or, pour maîtriser le saut technologique des vingt ans à venir, le

développement de ces pays sera un facteur décisif. Bref, l'issue de la bataille des langues se joue dans le domaine économique et commercial. Et une francophonie plutôt riche sera plus dynamique et plus conquérante qu'une francophonie pauvre...

On voit aujourd'hui s'intéresser à la francophonie non seulement les vieux routiers de la diplomatie franco-africain mais toute une palette de pays allant de la Belgique au Cameroun en passant par le Viêt-nam, le Canada, le Zaïre et l'Égypte. Ce n'est pas un hasard si le Canada, qui a longtemps vu rouge en entendant parler de francophonie, en est aujourd'hui l'un des plus chauds militants. Le Premier ministre d'Ottawa, Brian Mulroney, n'y est pas allé par quatre chemins : « *La francophonie*, a-t-il déclaré, *c'est pour le Canada la possibilité d'accroître son rôle sur la scène internationale* ». Il est vrai qu'Ottawa a quelques raisons de satisfaction : le

débat sur la francophonie se poursuit depuis vingt ans sur fond de psychodrame canado-québecois. Mais le Québec a cessé de revendiquer son indépendance. L'ancienne pomme de discorde de la francophonie est devenue pour le Canada une occasion de réconciliation nationale et un moyen de faire valoir sa « différence » face au géant américain voisin et gourmand.

Reste à trouver un nom satisfaisant pour cette réunion qui regroupe, autour du dénominateur commun de la francophonie, tant d'espoirs et d'intérêts divers. *Communauté* a déjà servi, et rappelle trop la période postcoloniale. *Club, forum ?* Insuffisant. On cherche quelque chose comme *Commonwealth*. Malheureusement, c'est déjà pris. Certains le regrettent. Le concours reste ouvert.

Le Nouvel Observateur

se réclamer de claim a kinship with

le vieux routier (*fam.*) old stager

ne pas y aller par quatre chemins make no bones about it

1 Quelles sont vos premières réactions devant cet article ? Vous sentez-vous en première ligne francophone, ou vous empressez-vous de défendre la langue anglaise ? (Mot qui, d'ailleurs, ne paraît pas une seule fois, ni dans cet extrait, ni dans l'article beaucoup plus long où il est puisé !)

2 Est-ce que cela a beaucoup d'importance, la défense d'une langue ? Est-ce qu'une seule langue globale éviterait les malentendus internationaux ? (Mais remarquez combien de fois nous avons rencontré, dans ce seul livre, des mots d'anglais inexactement empruntés par le français moderne !)

3 Est-il vrai que la langue que vous parlez vous définit ? Vous sentez-vous exactement la même personne lorsque vous parlez français que quand vous vous exprimez dans votre langue maternelle ?

4 Est-ce que l'impérialisme linguistique existe ? Est-ce un nationalisme déguisé, que de promouvoir l'expansion de sa propre langue ?

5 On a déjà abordé quelques-unes de ces questions dans la première unité de ce livre. Avez-vous changé d'avis depuis ce temps-là ? (Si oui, pourquoi ?)

3 Quels sont alors tous ces francophones ? Au Canada, ce sont des descendants des colons français habitant surtout la province du Québec ; partout au Canada la majorité prépondérante des gens de langue maternelle française sont des catholiques et des membres de la classe ouvrière. Mais au Nouveau Monde, la francophonie n'existe pas seulement au Canada : il y a toujours des groupuscules francophones çà et là aux États-Unis, surtout en Louisiane et autour de la Nouvelle-Orléans (attention au nom de cette ville !). Et aussi à Manchester... New Hampshire. C'est un Franco-Américain qui écrit ici...

L'histoire du Petit Canada de Manchester ressemble beaucoup à celle des communautés franco-américaines à travers la région. Entre 1840 et 1930, près d'un million de Canadiens français, pour la plupart des cultivateurs québecois fuyant leurs terres dépourvues, traversaient la frontière à la recherche d'emplois dans les villes industrielles du Nord-Est. Apportant avec eux leur foi catholique et leur langue française, les Québecois ont établi, en plein sol protestant et anglophone, leurs propres quartiers : résidences, églises, écoles, hôpitaux, couvents, orphelinats, maisons de commerce, journaux, sociétés et ainsi de suite.

En visitant le Petit Canada, vous vous rendez compte que l'ambiance est peu typique des États-Unis. Le pont Notre-Dame... le pont Nazaire Biron... Pinardville... partout des noms aux consonances françaises. Les entreprises et les boîtes aux lettres résidentielles portent des noms provenant du pays de Louis XIV.

En général, les familles appartenant à la classe ouvrière occupent des maisons de bois à deux ou trois logements, tassés les uns contre les autres, et construites vers le tournant du siècle par les mains habiles des menuisiers québecois et franco-américains, dont la dextérité manuelle est reconnue à travers la Nouvelle-Angleterre. Si l'on vous invite à entrer dans une de ces maisons, vous vous étonnerez de la grandeur de la cuisine, qui fait écho à celles que l'on retrouve en milieu rural au Canada français. Comme leurs ancêtres, les Franco-Américains ont tendance à vivre au jour le jour dans la cuisine, tout en réservant le salon à la « grande visite » le dimanche. Même aujourd'hui, la vie de cuisine fait tellement partie de nos habitudes que maints hôtes éprouvent de la difficulté à se servir de leur salon. Tandis que leurs invités préfèrent rester « collés » autour de la table.

Liaison (*Robert B. Perreault*)

- L'expression « comme leurs ancêtres » est peut-être importante. Est-ce que les communautés closes trouvent plus difficiles de s'adapter aux changements que celles qui sont plus ouvertes aux idées apportées par les grands courants de la culture ? (Pensez à d'autres communautés closes que vous connaissez ou dont vous avez lu quelque chose.) Remarquez que la langue française du Nouveau Monde a gardé beaucoup d'expressions devenues archaïques dans le français métropolitain.

4 Mais en Afrique la francophonie prend une allure entièrement différente. Prenons, par exemple, le Sénégal, et considérons le cas d'Ibrahima, petit paysan de ce pays pauvre de l'Afrique de l'ouest :

La pluie, comme une obsession

En apparence, que la campagne sénégalaise est belle ! Et l'on pourrait s'en tenir à quelques images bibliques : celle de ces femmes aux boubous multicolores, un enfant sanglé dans le dos, qui tirent l'eau du puits ; celle de cet homme, pieds nus dans son champ, dont les mains sont posés sur les mancherons du bâti d'une houe rudimentaire. Le soc retourne des caillots de terre, au rythme du pas de l'âne sur lequel est juché fièrement un enfant de cinq ans, son fils. Ce décor est en trompe-l'œil. L'homme n'a pas d'illusions : avec peu de semences, pas d'engrais et une pluie imprévisible, le résultat de son travail sera médiocre.

Ibrahima, petit paysan wolof, est presque atypique, tant son « capital » paraît important. Ibrahima possède « *deux paires de bœufs, deux femmes, huit enfants, deux aides à mi-temps* (qu'il doit nourrir) *2,5 ha de maïs, 3 ha d'arachide et 3 ha de mil* ». Comme dans toutes les familles wolofs de la zone arachidière, ses fils dès l'âge de treize ans, ont la responsabilité d'un champ. Les filles, pour ne pas être en reste, cultivent, lorsque le terrain s'y prête, un peu de haricot. Mais sa fille aînée est partie à Dakar, mandatée par la famille pour trouver un emploi de « bonne à tout faire » et ses deux fils sont revenus bredouilles de la capitale, après avoir frappé en vain aux portes des usines pour se faire embaucher comme manœuvres. Les « cousins » de Dakar ont cessé depuis longtemps d'envoyer un sac de 50 kilos de riz ou de mil, et Ibrahima commence à sombrer – avec dignité – dans le désespoir. Lui s'est obstiné à rester à la terre, refusant d'alimenter l'exode rural, de grossir les bidonvilles qui enflent les faubourgs des villes.

En fait, il sait bien à quoi il sera acculé : il vendra ses bœufs, voilà tout. Plus tard, lorsqu'il s'agira de labourer, il essaiera de se faire prêter un bœuf ou un cheval par un voisin plus « riche ». Déjà, la famille toute entière a été obligée de diminuer son « train de vie », en réduisant les quantités de nourriture ou en repoussant à plus tard l'achat de vêtements neufs. Cela suffira-t-il ? Ibrahima n'ose penser à ce que donnera la récolte de septembre. Chacun sait que sans engrais le rendement du maïs est extrêmement faible. Dans le bassin arachidier, le mil est planté très tôt, de la mi-mai jusqu'à fin juin, et souvent à sec, ce qui n'est guère possible pour l'arachide.

Comme ses voisins, Ibrahima est anxieux. Une petite pluie est tombée le 19 juin et depuis… plus rien. Le mil, çà et là commence à sortir, la pluie ayant fait germer les graines. Si une nouvelle pluie ne tombe pas très vite, la récolte, brûlée par le soleil, arrêtée dans son cycle, ne donnera rien. Le problème du continent est en fait celui d'Ibrahima, petit paysan wolof : la pluie, comme une obsession.

Le Monde

s'en tenir à be contented with	**en trompe-l'œil** deceptive ; illusory	**bredouille** empty handed
le mancheron handle (of plough, etc.)	**la semence** seed	**le manœuvre** labourer
le bâti frame	**l'engrais** (*m*) manure ; fertilizer	**la bidonville** shantytown
la houe hoe	**le mil** millet	**enfler** swell
le soc ploughshare ; blade	**la bonne à tout faire** maid of all work	**le faubourg** outlying district
la caillot clod		**acculé à** faced with ; driven to

1 En utilisant les faits rapportés par *Le Monde*, écrivez un « portrait de mon père » de deux ou trois paragraphes, du point de vue d'un des fils ou d'une des filles d'Ibrahima.

2 Considerez ces « portraits » en classe. Est-ce qu'ils sont en général plus ou moins sympathiques que la description de base du *Monde* ? Expliquez et justifiez vos changements.

5 L'un des meilleurs connaisseurs des difficultés économiques des pays du tiers monde est l'ancien ministre de l'Agriculture, Michel Rocard. Le voici interrogé par Katie Breen du magazine *Marie Claire* :

K.B. : On croule toujours sous les céréales, le beurre et le lait dans la Communauté européenne. Dans quelle mesure nos excédents alimentaires peuvent-ils venir en aide aux populations victimes de la sécheresse et de la famine ?

M.R. : Le contraste qui existe entre l'extrême misère alimentaire d'une partie du monde et l'importance des surplus agricoles européens, américains, australiens et néo-zélandais est évidemment très choquant. Malheureusement si cette image frappe tous les esprits, la solution à cette question est horriblement complexe.

La plupart des zones des difficultés alimentaires sont rurales. Et si vous prenez deux des cas les plus graves aujourd'hui, l'un que tout le monde connaît, l'Éthiopie, et l'autre qu'on connaît un peu moins, la Mauritanie, et l'essentiel de la zone du Sahel, on considère en général que la majorité des gens qui risquent de mourir de faim à brève échéance vivent à trente, quarante, cinquante kilomètres, ou même plus, d'une route. C'est-à-dire qu'il n'y a même pas d'accès. Ajoutez-y, en Éthiopie, par exemple, les capacités limités du principal port d'importation, Assab (la longueur des quais, le nombre de grues, de camions). Ce port ne peut faire transiter, chaque mois, que la moitié du tonnage d'aide alimentaire dont les Éthiopiens auraient besoin. On a été jusqu'à leur parachuter des céréales...

Une autre difficulté est liée aux habitudes alimentaires des gens. Prenons une comparaison un peu brutale. Si nous avions, au lendemain d'une guerre chimique ou d'un tremblement de terre, un manque de nourriture important en France, qu'est-ce que les gens feraient d'une aide en manioc ou en mil ?

Nous n'avons pas l'habitude de ces produits. Amenez du blé à des gens dont le régime est fait de mil, de millet, de sorgho, de patates douces, vous leur posez un énorme problème. Qu'est-ce que c'est que ça ? Qu'est-ce qu'on en fait ? Dans certaines zones, les gens ont fait bouillir le blé de l'aide alimentaire et ils ont mangé les grains bouillis. Ça, c'est, en général, traduit par des états intestinaux affreux...

Cumulons un peu ces difficultés. Imaginez-vous dans la situation d'un groupe d'Éthiopiens sur les chemins, essayant de s'approcher d'une zone où l'on peut trouver de l'aide alimentaire. Ils n'ont pas amené la calebasse où ils peuvent broyer les grains, ils n'ont pas toujours les moyens de faire du feu. Parfois on leur parachute des containers en métal, croyez-vous qu'ils aient une pince pour ouvrir les caisses ?

——————————————— Marie Claire

le manioc manioc ; cassava (W. Indian tuber from which tapioca flour is made)
le sorgho sorghum (type of millet)
à brève échéance shortly

la calebasse calabash ; gourd-shell
broyer crush ; grind
la pince pliers

1 A deux : dressez une liste des difficultés que mentionne Monsieur Rocard pour mettre en place un tel programme d'alimentation. Essayez de proposer une solution à chacune de ces difficultés.

2 Rapportez à la classe votre liste et vos solutions, si vous en avez à proposer. Est-ce qu'il y a des solutions à trouver à tous ces problèmes ?

6 Ce ne sont peut-être pas des impossibilités, mais il faut se rendre compte de l'étendu du problème. Face à cela, il est facile de hausser les épaules et de dire, « Moi, je n'y peux rien ». Mais il y a des gens, des Français, qui, sans faire beaucoup de bruit et surtout sans se prendre pour des héros, montrent que l'individu peut faire quelque chose. Parmi eux il y a des jeunes gens, comme ces quatre qui ont rejeté l'excuse de l'impuissance.

● Choisissez chacun(e) une des quatre personnes, lisez l'article qui la décrit avec soin, revenez en classe et racontez en détail ce qu'elle a fait. Quelle est votre opinion de ses efforts ? Est-ce que ce qu'elle a fait est susceptible d'être généralisé ?

MARIE-JEANNE EN ÉTHIOPIE

Marie-Jeanne Grué a 24 ans. A la fois vive et fragile, on l'imagine mal en face à face avec ce qu'il y a de pire au monde: la faim, le dénuement, la souffrance, la mort.

Pourtant, elle est partie comme infirmière en Éthiopie avec les premières équipes de secours envoyées par Médecins sans frontières. Elle est restée plus de six mois à Korem. Dans cet immense camp à 2 400 mètres d'altitude s'entassent quelque 50 000 personnes à bout de force. Des conditions de survie et de travail extrêmement difficiles: rapports tendus avec les autorités locales sur le pied de guerre; approvisionnement irrégulier; hôpital de fortune installé dans un grand hangar sale. Sans compter le froid polaire: il fallait creuser des trous dans la terre et les recouvrir de bâches pour protéger les réfugiés.

Chaque jour l'un des « M.S.F. » va faire le « screening » dans le camp et ramène ceux qui sont le plus mal en point. « *Comme nous ne pouvions nourrir tout le monde,* explique Marie-Jeanne, *il nous fal-*lait faire un choix: décider plus ou moins arbitrairement de ceux qu'on prendrait en charge. C'était horrible. Ceux-là recevaient alors des soins et une aide nutritionnelle intensive. Avec les enfants, c'est spectaculaire. Ils récupèrent très vite, un peu comme une plante. Ils sourient, marchent puis se remettent à jouer. Hélas, parfois – sans doute parce que leur organisme était quand même trop détérioré – ils retombent malades et meurent. Voir disparaître ces petits pour lesquels nous avons fait le maximum et que nous avions cru sauver était le plus cruel. Il en mourrait parfois cinq par jour dans nos bras. Et il fallait aussi supporter la détresse des parents qui en avaient déjà perdu quatre ou cinq et dont c'était le dernier espoir.*

« *Heureusement, l'équipe* – *quatre médecins et trois infirmières* – *se tenait les coudes. Nous étions logés dans d'assez bonnes conditions. Chacun disposait d'une petite chambre à proximité d'un robinet collectif. Il y avait surtout à se battre contre les poux et les* puces. On était épuisé mais on pouvait compter les uns sur les autres: tout le monde n'était pas démoralisé au même instant.*

« *Et puis,* se souvient Marie-Jeanne, *il y avait aussi de bons moments. Des fous rires, la complicité qui s'installait avec les mères lorsqu'elles voyaient la bataille qu'on livrait pour faire vivre leurs gamins. Le camp des orphelins était aussi notre réconfort. Il fallait voir comment ce groupe d'enfants à l'abandon s'organisait. Les plus grands aidant les plus petits. Ils chantaient et dansaient.* »

Pourquoi Marie-Jeanne a-t-elle choisi de devenir infirmière sans frontières ? « *Je crois,* dit-elle, *que nous sommes tous plus ou moins responsables. J'ai donc voulu apporter ma pierre, moi aussi, à l'œuvre de solidarité internationale. Il s'agit d'une réponse personnelle et temporaire. Je ne voulais pas avoir des regrets et me dire – quand je serais vieille – que j'aurais dû le faire.* »

le dénuement destitution ; penury
de secours first-aid ; emergency
de fortune makeshift
se tenir les coudes support one another
le pou louse

SÉBASTIEN AU SOUDAN

Il a 28 ans, Sébastien d'Ornaro. Simple, direct, compétent, il sait ce qu'il fait et de quoi il parle. On l'imagine plus à son aise au cœur de la brousse que dans un salon mondain.

C'est justement là qu'il vient de passer deux années de sa vie comme ingénieur agricole pour le compte d'Humanitas-C.E.A.R. Cet organisme s'est donné pour mission d'aider les réfugiés victimes de catastrophes à refaire surface. Il n'intervient donc pas dans les situations d'urgence comme Médecins sans frontières, mais plus tard, pour tenter de construire l'avenir.

Lorsque Sébastien est arrivé à Abouda, au Soudan, avec son collègue Gérard, le village de 5 000 réfugiés érythréens n'était qu'une plaine noire, chaude et poussiéreuse, semée de quelques cases de paille. On y survivait au jour le jour sans grand espoir.

Lorsqu'il est reparti, soixante maisonnettes en dur avaient été construites, ainsi que trois mosquées, une église, un poste de police, quatre entrepôts et quatre magasins. Cinq tonnes de briques avaient été fabriquées quotidiennement. Une pépinière d'arbres tropicaux commençait à sortir de terre ses pousses pleines de promesses. Bientôt, elle donnera de l'ombre et des bûches.

« L'objectif primordial de notre mission – explique Sébastien – était de sauver le bois à tout prix. Dans cette région, comme dans une grande partie de l'Afrique, la déforestation est très inquiétante. D'où les maisons en briques (y compris le toit) pour éviter les charpentes, et les plantations pour reboiser. Nous avons aussi fait

étudier pour l'Université de Kartoum, un brasero plus économique que les fourneaux habituellement utilisés et nous avons mis en route une fabrique de combustible à base de résidus de canne à sucre, toujours pour économiser l'énergie. Des activités artisanales lucratives ont encore été recherchées comme la production de jarres en fibro-ciment. Jarres et briques occupent un atelier de vingt-cinq personnes sous la direction d'un contremaître noir. »

Et Sébastien ajoute encore : « Je ne suis pas parti pour gagner de l'argent. Je ne suis pas, non plus, allé là-bas pour apporter la bonne parole occidentale aux pauvres petits Africains... Je voulais plutôt partager un savoir-faire d'égal en égal. J'ai apporté quelque chose, et, en contrepartie, j'ai beaucoup reçu. »

la brousse the bush
l'entrepôt (*m*) warehouse
la pépinière (tree) nursery
la pousse shoot

la bûche log
la charpente timber work
le brasero brazier
le fourneau cooker

les activités artisanales small-scale crafts
le savoir-faire know how

BERTRAND AU BURKINA-FASO

Quatre camions peints en bleu comme l'espoir, lourdement chargés de grains et de pièces détachées sont partis de Paris, l'an dernier, pour Burkina-Faso (ex Haute-Volta). Au volant de l'un d'eux, Bertrand Cyriex, 27 ans. Il ne se paie pas de mots, Bertrand, ni de grands sentiments. Mais là où il y a des choses à faire, il répond présent. Il est le plus jeune de cette opération intitulée « Caravane Nord-Sud » et qui a coûté la bagatelle de 300 000 F. Au total, l'équipe comprend neuf hommes qui ont tous deux points communs. Ils sont entièrement bénévoles et ils ont été chauffeurs de « l'Autobus ». Cette association originale et populaire organise des voyages hors des sentiers battus. Être

chauffeur à l'Autobus, signifie à la fois être chef de groupe, interprète, cuisinier, mécanicien sans oublier de conduire le véhicule... L'équipée de la « Caravane Nord-Sud » a duré un mois. Dans une ambiance super amicale. « On s'est tous très bien entendus, raconte Bernard. On dormait dans les cabines ou sur les sacs de grain. Malgré tout ce qu'on en dit, la traversée du Sahara n'est pas si difficile, mis à part les problèmes d'ensablement de nos véhicules trop lourds. Pas besoin d'être un héros ni un champion de la conduite pour réussir un tel exploit ! Et, dans le désert, on rencontre beaucoup de monde ! »

L'ultime étape est Gorom-Gorom : un village de 4 500 habitants durement frappé par la sécheresse.

Les dernières pluies diluviennes y ont fait plus de mal que de bien. Ici, le désert avance de cinq à dix kilomètres par an. La caravane est accueillie avec enthousiasme et décharge ses sacs de blé. Ils constitueront des réserves qui permettront de conserver la semence pour la prochaine récolte au lieu de la manger. Les quatre camions resteront aussi sur place, offerts au village qui s'enorgueillit déjà d'un vrai garage et de deux mécaniciens récemment formés en France. Un camion bien costaud, c'est une aubaine pour les gens du Sahel. Il transporte les vivres, le bétail, l'eau... Bref, tout ce qui peut permettre de survivre sur place plutôt que d'aller grossir les bidon-villes de Ouagadougou.

« Il est important d'aller voir par soi-même ce qui se passe réellement, précise Bertrand. *Malgré tout, il est difficile de comprendre l'Afrique. Les réactions des gens m'ont parues déconcertantes. Cette forme d'aide est, à mon sens, valable car nous sommes certains qu'elle arrive et qu'elle correspond à des besoins précis.* »

ne pas se payer de mots not to be taken in with fine words
s'enorgueillir de boast
l'aubaine (f) godsend
le bétail livestock

CATHERINE EN BOLIVIE

Catherine Leroy: avec une énergie à soulever les montagnes et un cœur plein de générosité, cette jeune fille de 21 ans a lancé presque seule l'opération « Potagers en Bolivie ». Au départ, c'est une émission de télévision qui lui fiche comme une écharde en pleine poitrine cette statistique dramatique: « *toutes les deux secondes, un enfant meurt de faim dans le monde* ». Elle décide alors d'agir, quitte à en bouleverser sa vie.

Aujourd'hui, vingt potagers fonctionnent en Bolivie. Ils permettent de cultiver des légumes pour ouvrir des cantines de villages qui nourriront en priorité les enfants et les femmes enceintes. Pour ce faire, il faut amener des canalisations d'eau, construire des serres, acheter des outils, des semences, équiper des cuisines. Bref, il faut de l'argent. Sous l'impulsion de Catherine se sont créés des petits groupes d'action en France qui s'engagent à verser 1 500 F par mois pour subventionner, chacun, leur potager. Ces équipes sont formées pour la plupart de jeunes de moins de dix-huit ans. Elles sont réparties dans la France entière et dépensent une énergie formidable pour rassembler les fonds.

Ainsi, à Boulogne-sur-Mer, une centrale d'achat pour du papier recyclé a été montée. A Vertou, près de Nantes, des collégiens cultivent eux-mêmes un potager, dans le cadre d'un projet pédagogique; ils vendent leurs légumes à la cantine scolaire et tous les bénéfices partent en Bolivie. Toutes les idées sont bonnes à prendre et à vendre car gagner 1 500 F par mois en payant de sa personne, ce n'est pas si facile!

« *Le plus difficile*, estime Catherine, *c'est d'avoir des nouvelles régulières. Les Boliviens n'ont pas encore tous compris qu'ils travaillent avec de très jeunes Français et qu'il est indispensable de les encourager, de soutenir leurs efforts par des missives détaillées et regulières. Nous avons aussi obtenu le label officiel de l'Année internationale de la jeunesse. Nous démarrons donc bien mais il ne faut pas se relâcher si nous voulons atteindre au plus vite l'objectif de cent potagers. Il n'en faudra pas moins pour dire non à la faim, non à la mort des enfants.* »

Journal Marie France

le potager vegetable garden
ficher nail
l'écharde (f) splinter (stuck under the skin)
quitte à even if
le bénéfice profit
bon à prendre et à vendre worth a try
en payant de sa personne with the sweat of your brow
le label seal of approval

Reference grammar

Verbs

Tenses

Most French verbs have an infinitive ending in **-er** and follow the pattern below.

infinitive	porter	
present participle	portant	
past participle	porté	
present tense	je porte	nous portons
	tu portes	vous portez
	il porte	ils portent
imperative	porte ; portons ; portez	
imperfect	je portais	nous portions
	tu portais	vous portiez
	il portait	ils portaient
past historic	je portai	nous portâmes
	tu portas	vous portâtes
	il porta	ils portèrent
future	je porterai	nous porterons
	tu porteras	vous porterez
	il portera	ils porteront
conditional	je porterais	nous porterions
	tu porterais	vous porteriez
	il porterait	ils porteraient
present subjunctive	je porte	nous portions
	tu portes	vous portiez
	il porte	ils portent

Note:
Verbs ending **-e** consonant **er** change the **e** to **è** when a mute **e** follows:

acheter→ j'achète

and **jeter, appeler** and **épeler** produce this same sound effect by doubling the consonant before a mute **e**:

appeler→ j'appelle

Verbs ending **-é** consonant **er** do the same except with the future stem:

préférer→ je préfère, *but* je préférerai, je préférerais

Verbs ending **-cer** and **-ger** change the **c** to **ç** and the **g** to **ge** before **a** and **o**, to keep the **c** and **g** soft:

commencer→ nous commençons
manger→ nous mangeons

Two quite large groups of verbs with infinitives ending in **-ir** and **-re** (almost all the latter actually end **-dre**) have the following patterns:

infinitive	finir	
present participle	finissant	
past participle	fini	
present tense	je finis	nous finissons
	tu finis	vous finissez
	il finit	ils finissent
imperative	finis ; finissons ; finissez	
imperfect	je finissais	nous finissions, *etc.*
past historic	je finis	nous finîmes
	tu finis	vous finîtes
	il finit	ils finirent
future	je finirai	nous finirons, *etc.*
conditional	je finirais	nous finirions, *etc.*
present subjunctive	je finisse	nous finissions
	tu finisses	vous finissiez
	il finisse	ils finissent

infinitive	perdre	
present participle	perdant	
past participle	perdu	
present tense	je perds	nous perdons
	tu perds	vous perdez
	il perd	ils perdent
imperative	perds ; perdons ; perdez	
past historic	je perdis	nous perdîmes, *etc.*
future	je perdrai	nous perdrons, *etc.*
conditional	je perdrais	nous perdrions, *etc.*
present subjunctive	je perde	nous perdions
	tu perdes	vous perdiez
	il perde	ils perdent

Notes:
The **tu** form of the imperative of **-er** verbs (also of verbs like **ouvrir**) has no **-s** except where it is followed by **y** or **en**:

Donnes-en à ta mère aussi !
Vas-y !

The interrogative of verbs is formed by inversion with a hyphen: **perds-tu ?** If this brings two vowels together a **t** is inserted: **porte-t-il ?** Except with some common irregular verbs, the **je** form of the interrogative is not used: **est-ce que** is substituted: **est-ce que je porte ? Est-ce que** may also be used with other parts of the verb, and in speech usually is; or the simple statement form is used with a rising, questioning tone of voice. If the subject is a noun, the noun must be stated and the question asked about: **Ton père est-il parti ?** In speech this also is usually avoided by using **est-ce que** or statement with question intonation.

The past historic of **-re** verbs is formed with **-is** etc., not **-us** etc.; it is similar to the past historic of **-ir** verbs. The past historic ending **-us** etc. is only used by certain irregular verbs, mostly with infinitives ending **-oir**. See irregular verb list.

Compound tenses

perfect (*have* . . .)	j'ai porté
pluperfect (*had* . . .)	j'avais porté
future perfect (*will have* . . .)	j'aurai porté
conditional perfect (*would have* . . .)	j'aurais porté
perfect subjunctive (*may have* . . .)	j'aie porté

These are formed with the same part of **avoir** (or **être**) in French as the part of 'to have' that is used in English. Rules that apply to the perfect (see below) also apply to all the other compound tenses.

Two obsolescent and literary compound tenses, to be recognized but not used, are the past anterior and the pluperfect subjunctive:

past anterior (*had* . . .)	j'eus porté
pluperfect subjunctive (*would have* . . .)	j'eusse porté

These tenses are formed, respectively, with the past historic and the imperfect subjunctive (see below) of **avoir** (or **être**). The past anterior is used in high literary style instead of the pluperfect, but only after certain conjunctions (notably **quand**) and only when the main verb is in the past historic; the pluperfect subjunctive is mainly found as a literary substitute for the conditional perfect.

The perfect tense

This is the most commonly met compound tense. For most verbs it is formed with **avoir** plus the past participle:
> j'ai porté
> il a fini

Remember that this is the equivalent of both the English tenses I *carried* and I *have carried*, *he finished* and *he has finished*.

Thirteen common verbs (and a number of less common ones) form their perfect with **être** instead of **avoir**. They are **arriver, partir, entrer, sortir, aller, venir, monter, descendre, mourir, naître, rester, tomber** and **retourner**. Most of their compounds also form their perfects with **être**. However, where these verbs are used with a direct object, they take **avoir**:
> j'ai sorti mon mouchoir.

In addition to these verbs, all reflexive verbs form their perfect with **être**.

The perfect is used both as in English to show that a past action has a direct relationship to the present:
> évidemment l'argent n'est pas là, je l'ai dépensé (. . . I've *spent it*)

and also in the spoken language and in letter writing to indicate a single, completed action in the past:
> je l'ai dépensé la semaine dernière (I *spent it* . . .)

In the latter sense – the narrative use of the tense – the past historic is normally used rather than the perfect in printed French.

Past participle agreement in the compound tenses

Past participle agreement is the same in all compound tenses.

The past participles of the thirteen **être** verbs listed above, and of their compounds, agree with their subject just as if they were adjectives:
> elle est partie
> elle est grande

The past participles of verbs that form their perfect with **avoir** agree not with their subject but with their direct object – but only if this precedes the verb:
> je les ai mangés
> elle cherche les croissants que j'ai mangés
> quels croissants as-tu mangés ? . . . *but:*
> j'ai mangé les croissants (direct object follows verb)

Note:
j'en ai mangé (no agreement because **en** is not regarded as a direct object).

The past participles of reflexive verbs also agree with their direct objects. These are usually the same as the subject:
> elle s'est amusée

But not necessarily:
> elle s'est cassé la cheville (**la cheville** is the direct object; **se** is the indirect object)

Future tense

French uses **aller** + infinitive at least as frequently as the future tense itself to express future time:
> tu vas manger
> je vais revenir à Boulogne l'année prochaine

This is not necessarily an 'immediate future tense' (see the second example above). Rather **aller** + infinitive relates the future to the present (in the second example there lies implied something like 'because I've enjoyed it so much this year').

Conditional tenses

Conditional and conditional perfect tenses are frequently used together with a clause beginning with **si**. Note the sequence of tenses in such clauses:
> s'il écrivait je serais heureuse (**si** + imperfect + conditional)
> s'il avait écrit j'aurais été heureuse (**si** + pluperfect + conditional perfect)

Notice the special conditional meanings of **devoir** and **pouvoir**:
> il pourrait neiger – *it might*
> elle aurait pu arriver plus tôt – *she might have*
> tu ne devrais pas porter ce pullover – *you ought not to*

Conditional and future tenses are also used to express supposition:
> il est rentré tard : il aurait manqué son bus
> « Il est tard. Il aura manqué son bus, » s'est-t-elle dit.

Imperfect tense

Imperfect endings are added to the **nous** form of the present – only **être** has an irregular stem: **j'étais**.
  The imperfect is used
a to describe a state:
  la pluie tombait
  elle avait dix-huit ans
  la maison où habitaient les Achard
b to show repeated action:
  il donnait des leçons de piano
  nous sortions chaque soir
  elle ne mangeait presque rien
c to indicate a continuing or incomplete action (usually contrasting with a verb in the perfect or past historic that is used to indicate a single, complete action):
  quand j'entrai dans la cuisine elle épluchait des pommes
So normally the imperfect is the tense of background description and repeated action, often (though not always) corresponding to the English I *was … ing* form of the verb. The perfect or past historic, in contrast, is the tense of the single, completed action, corresponding to the English I *have … ed* or I … *ed*. However, in modern French, and especially in newspaper and magazine French, the imperfect is frequently used instead of the past historic as the narrative tense:
  Il choisissait cette jolie jeune fille pour interpréter la marquise.
This is felt to give more immediacy to the action – 'look, there he was, choosing this girl …'

Passive

The passive is used to make what is normally the direct object of a verb into its subject. It is formed in French with **être** plus past participle, exactly as in English:
  Le chien avait été abandonnée par son maître – *had been left by …*
Notice that the past participle agrees with the subject, like an adjective after **être**.
Do not confuse the passive with the imperfect tense because of their similarity of form in English. There is a lot of difference between
  il mangeait – *he was eating* (imperfect) and
  il fut mangé – *he was eaten* (passive).

In French the passive is often avoided, especially in the spoken language. This is usually done by using **on**, or occasionally by using a reflexive verb:
  on l'a déjà retrouvée – *she has already been found*
  cela ne se vend pas ici – *that isn't sold here*

Present participle

This is formed from the **nous** form of the present:
  nous payons→ payant
Irregular are **être (étant), avoir (ayant)** and **savoir (sachant** = verb use, **savant** = adjective use).

When used as an adjective the present participle agrees:
  la semaine suivante
  des phoques savants
but when used verbally in a phrase, it doesn't:
  me regardant de travers, elle continua …
En + present participle shows consequence:
  en tombant, elle l'a entraîné
or things occurring at the same time:
  en me regardant de travers, elle indiqua le livre
Tout en stresses the simultaneity, often over a longer period of time:
  tout en me regardent elle attacha le cheval.

Subjunctive

The present subjunctive is formed from the **ils** form of the present tense, except for the **nous** and **vous** forms, which are the same as the **nous** and **vous** forms of the imperfect. The only common verbs that do not follow this pattern are:
  être : je sois, il soit, nous soyons, ils soient
  avoir : j'aie, il ait, nous ayons, ils aient
  aller : j'aille, nous allions, ils aillent
  faire : je fasse, nous fassions
  falloir : il faille
  pouvoir : je puisse, nous puissions
  savoir : je sache, nous sachions
  vouloir : je veuille, nous voulions, ils veuillent

The perfect subjunctive is formed from the present subjunctive of **avoir** or **être** plus a past participle. Only these two subjunctive tenses, the present and the perfect, are used in spoken and in much written French. The imperfect and pluperfect subjunctives are literary and old-fashioned. Recognize them, but do not use them: their formation is dealt with below.

The use of the subjunctive is obligatory after a number of rather common constructions, and is possible, to express some shade of doubt, after a large number of others. Often in these constructions it is the equivalent of a conditional in English.

Common constructions after which the subjunctive must be used:
  wishing and expectancy: vouloir que, attendre que, désirer que, préférer que, (*but not* espérer que)
  necessity: il faut que, il est nécessaire que
  surprise and incomprehension: s'étonner que, quelle chance que, il me semble/paraît curieux (etc.) que
  doubt and uncertainty: douter que, mettons que
  disbelief: je ne pense/trouve/crois pas que
  liking, regret, fear: aimer que, avoir peur/craindre que … ne (*and the conjunctions* de peur que … ne, de crainte que … ne), regretter/être désolé que
  possibility: il est possible que ; il se peut que
  pleasure, displeasure, shame: être enchanté que ; être fâché que, avoir honte que

plus the conjunctions afin/pour que, pourvu que, avant que, à moins que (. . . ne), si . . . que, (soit) que . . . *(whether . . .)*, jusqu'à ce que, sans que *and many others less common.*

Common constructions where the subjunctive is often used, e.g. to cast doubt or express uncertainty:
apparent fact: il paraît/semble que (*but not* il me paraît/semble que, il est probable que)
questioned belief: pensez/trouvez/croyez-vous que
plus the conjunctions bien que, quoique, après que *and others less common.*

The subjunctive is also used to express a third person command (English: *let him, her, them do something*)
qu'elle parte ! – *let her go!*
and to express a 'required characteristic':
il chercha un bout de tissu qui puisse le protéger
It may also be used after a superlative, or *premier* or *seul*:
c'est la seule résistance qui puisse s'exprimer avec une telle unanimité.

Infinitive

The infinitive is really a noun, and as such it can stand as subject or object, or after a preposition:
fumer, c'est dangereux
sans me regarder
The preposition **en** is followed by the present participle, however:
en me regardant
and the preposition **après** is followed by a perfect infinitive:
après m'avoir regardé

Some infinitives have become true nouns, taking an article (always masculine):
tu as fait tes devoirs?
on peut apporter son manger
le pouvoir et la gloire

In official notices the infinitive is used as an imperative:
ne pas se pencher au dehors

An infinitive may depend on the object of a verb of perceiving (seeing, hearing, feeling, etc.):
je l'ai vu/entendu arriver – *I saw/heard him arrive*
This is impossible with other verbs, where a clause with **que** must be used:
j'ai cru qu'il arrivait

Verb + preposition + infinitive

There are three possible ways of linking an infinitive to a verb.
Most common French verbs use **de**:
il a cessé de parler
This is the largest group of verbs.

Some, however, take no preposition at all:
vous aimez rester ici ?
The commonest verbs in this group are:

aimer	faire	pouvoir
aller	falloir	préférer
compter	laisser	se rappeler
désirer	oser	venir
devoir	paraître	voir
espérer	partir	vouloir

A third group uses **à**:
il commence à courir
The commonest verbs in this group are:

aider à	se mettre à
apprendre à	passer du temps à
s'apprêter à	penser à (*and* songer à)
commencer à	préparer à
se décider à	renoncer à
hésiter à	réussir à
s'intéresser à	servir à
inviter à	

Verb + preposition + noun

Many French verbs have the same preposition before a noun as their English equivalents. However . . .

Some French verbs take a direct object where we should expect a preposition:
j'attends ma femme (*I'm waiting for my wife*)
The commonest verbs in this group are:

attendre (*wait for*)	habiter (*live at*)
chercher (*look for*)	mettre (*put on*)
demander (*ask for*)	payer (*pay for*)
écouter (*listen to*)	regarder (*look at*)
essayer (*try on*)	

Some take **de** where we should expect nothing:

s'approcher de (*approach*)	jouir de (*enjoy*)
changer de (*change*)	se servir de (*use*)
discuter de (*discuss*)	se souvenir de (*remember*)
jouer de (*play an instrument*)	se tromper de (*mistake*)

And some take **à** where we should expect nothing:

croire à (*believe*)	renoncer à (*renounce*)
jouer à (*play a game*)	résister à (*resist*)
(dés)obéir à (*obey/disobey*)	téléphoner à (*telephone*)
(dé)plaire à (*please/displease*)	

There are some verbs in this group that take **à** plus noun followed by **de** plus infinitive. The pattern here is:
conseiller à quelqu'un de faire quelque chose (*advise someone to do something*).

conseiller à . . . de (*advise*)	dire à . . . de (*tell*)
défendre à . . . de (*forbid*)	permettre à . . . de (*allow*)
demander à . . . de (*ask*)	promettre à . . . de (*promise*)

Finally some verbs take **à** or **de** where in English we should expect an altogether different preposition:

acheter à (*buy from*)   prendre à (*take from*)
cacher à (*hide from*)   réfléchir à (*think about*)
doter de (*equip with*)   témoigner de (*bear witness to*)
emprunter à (*borrow from*)   voler à (*steal from*)
penser à (*think about*)

'Faire' and 'laisser' + infinitive

Faire + infinitive means *have something done, get something done*, or *make someone do something*:

j'ai fait appeler une ambulance – *I had an ambulance sent for*
le comité a fait venir la radio – *the committee have got the radio people to come*

Noun objects of either verb follow both verbs; pronoun objects come before both verbs:

pour y faire danser plus nettement la main droite

A double direct object is impossible in French, so if both verbs need a direct object, that of **faire** becomes indirect (**à . . .**):

la musique fait perdre à chacun son air emprunté

If the dependent verb is reflexive it loses its pronoun:

fais taire ton petit frère ! (from **se taire**)

so if there *is* a reflexive pronoun with this construction it belongs to **faire** (meaning *to get oneself . . .*):

elle s'est fait virer pour avoir bronzé en monokini – *she'd got herself thrown out*

Note that, as illustrated in the example above, the past participle **fait** never agrees in this construction.

Laisser + infinitive means *let something be done* or *let someone do something*. All the points made above about **faire** + infinitive, except the omission of the reflexive pronoun, also apply to **laisser** + infinitive.

Impersonal verbs

Verbs that have **il** as an impersonal subject are of two kinds: those always constructed with **il**, and those where **il** is simply used as a temporary subject so that the real subject can be held back until later in the sentence. This is usually because the subject represents the culmination rather than the start of the thought.

The two commonest verbs of the first kind are **il faut** and **il y a**. Note that **devoir** and **pouvoir** can be used impersonally with **il y a**:

il doit y avoir quelqu'un dans la salle à manger.

The weather verbs (**il neige**, etc), **faire** used with weather expressions (**il fait mauvais**, etc.) and **être** with time of day (**il est midi**, etc.) are also of this first kind; there are many others:

il s'agit de faire carrière
il est possible qu'elle soit déjà là

Any verb can be used in the second way:

il me brûle les lèvres de demander à quoi sert le bouton – the real subject of **brûler**, held back for effect, is **demander à quoi sert le bouton**.

Ce can also be used with **être** (**cela** with other verbs) as an impersonal subject standing in for a clause or an idea:

si la France se bousculait à la Défense, c'était pour acheter du rêve

The **ce** stands for the **si** clause.

Where an adjective follows **être**, theoretically **il** should be used as impersonal subject if the real subject is still to come, and **ce** if the real subject has already been mentioned:

Il est facile de dire cela – Oui, c'est facile.

The real subject in both these sentences is **dire cela**. However, in practice, and especially in spoken French, **ce** is used in both these types of sentence:

c'est facile de dire cela.

Articles

The definite article (*the*) is **le, la,** (both **l'** before a vowel), **les**.

The indefinite article (*a; some*) is **un, une, des**.

The partitive article (*some*) is **du, de la,** (both **de l'** before a vowel), **des**.

The demonstrative article (*this/that*) is **ce** (**cet** before a vowel), **cette, ces** (plus **-ci/-là** on the noun if closer differentiation is needed).

The possessive articles (*my, etc.*) are **mon/ma/mes, ton/ta/tes, son/sa/ses, notre/nos, votre/vos, leur/leurs. Ma, ta, sa** become **mon, ton, son** before a vowel.

Definite article

The definite article is used in French but not in English in the following cases:

Generalizing:
vous aimez le yaourt ?

With abstract nouns:
c'est la vie !

Expressing quantity after price:
20 francs le kilo

Expressing speed (note the **à**):
cent kilomètres à l'heure

With names preceded by adjectives or titles:
le petit Bonnard ; le président Mitterrand

With religious festivals:
la Toussaint ; le vendredi saint (*but not* Pâques, Noël)

With games:
jouer au tennis ; je déteste les sports

With days, parts of the day, meals:
le vendredi (*on Fridays*); le matin (*in the morning*); le déjeuner

With parts of the body:
Levez la main (*your hand*); il se brosse les cheveux (*his hair*). The object pronoun is added where the action is done to, rather than with, the part of the body.

With geograhical names:
    la France ; la Corse (*but* en France, en Corse)
With names of languages:
    Le chinois est plus facile que le japonais (*but* parler français, *etc.*)
And in a number of idiomatic expressions including:
    il s'était levé le premier (*first*); l'un d'eux (*one of them*); au lit, au régime (*in bed, on a diet*)

Partitive article

The partitive may be omitted in English, but it must be there in French:
    Il me faut du pain (*I need bread*, or, *I need some bread*)
De is substituted for the partitive after negatives:
    il n'y a plus de vin
though negatives can be followed by a full partitive to negate identity:
    mais ce n'est pas du vin !
De is also used after expressions of quantity:
    il y a beaucoup de vin
and in theory before a plural noun preceded by an adjective:
    ce sont de bons vins.
In practice this last rule is often ignored in spoken French (except with **autres : d'autres idées).**

Omission of articles

The article may be omitted in French with a noun in apposition:
    Monsieur Covielle, professeur de géographie
This is not obligatory, and when the appositional noun seems more important than the head noun, the article is often kept:
    Pierre Dupont, le héros de notre histoire
The article is also omitted:
before a profession after **il/elle est:**
    il est écrivain
after **de** where the following noun is used attributively:
    le roi de France ; du pâté de campagne
after **de** used as a pure preposition:
    on a besoin d'argent
but:
    j'ai besoin de l'argent de ton portefeuille – it is only a partitive article which is omitted after **de** the preposition, not a definite article
after **quel:**
    quel imbécile ! – *what a fool!*
after **sans** and **avec** where the noun has no adjective (here, English is similar):
    sans difficulté ; avec plaisir
in lists:
    bœuf, mouton, veau …
in many set verbal expressions:
    se rendre compte de ; avoir envie de

Nouns

Gender

As a very rough rule of thumb, nouns ending in **-e** are feminine, other nouns are masculine. More specifically :

Countries, rivers, fruit, vegetables, flowers ending **-e** are feminine:
    la Belgique, la Seine, la pomme, la carotte, la rose.
Exceptions: le légume (!), le Rhône, le Danube, le Mexique.

Days, months, seasons, weights, measures, numerals, fractions, points of the compass, languages are masculine:
    le dimanche, le novembre, le printemps, le kilo, le kilomètre, le onze (!), le demi, le nord, le français
Exceptions: la livre, la tonne, la moitié

Trees, shrubs, metals are masculine:
    le chêne, le laurier, le fer
Exceptions: la bruyère, la ronce, l'aubépine (*hawthorn*)

Specialist shops and trades, arts and sciences, religious festivals are feminine:
    la boulangerie, la menuiserie, la peinture, la physique, la Toussaint
Exception: le Noël (note though: **à la (fête de) Noël)**

Most words of English origin are masculine:
    le footing
Exception: une interview

Nouns ending **-age, -acle, -icle, -eau, -isme, -ment** are masculine:
    le ménage, le spectacle, un article, le caveau, le socialisme, le contentement
Exceptions: la cage, l'image, la nage, la page, la plage, la rage, la peau, l'eau

Nouns ending **-ion, -ance** (and **-anse, -ence, -ense**), **-ée, -aison, -ère, -ette, -elle** are feminine, as are abstract nouns ending in **-té:**
    la démonstration, la chance (la danse, la conscience, la défense), la soirée, la raison, la mère, la banquette, la belle, la beauté
Exceptions: le camion, le comté, le silence, le musée, le lycée, le père, le frère, le cimetière, le squelette

Nouns ending **-eur** are masculine if concrete and feminine if abstract (in fact most abstract nouns are feminine):
    le moteur, la froideur
Exceptions: le bonheur, le malheur, l'honneur, le déshonneur

Finally note that the following apparently feminine nouns are in fact masculine:
    le risque, le disque, le manque, le groupe, le mélange, le crime, le vice, le reste

Gender by sex

Some nouns may be paired by sex:
> un acteur, une actrice, un vendeur, une vendeuse.

These two feminine formations (**-euse, -trice**) are the most common, but not all masculines in **-eur** have an equivalent feminine form. As we have seen, nouns of profession that previously had no feminine form are now sometimes acquiring them; none the less it is still safer, as a foreigner, to use **une femme professeur, une femme facteur, Madame le Ministre.**

The following nouns do not usually have a feminine form:
> un auteur, un professeur, un facteur, un maire, un ministre, un témoin, un ange

The following nouns do not have a masculine form:
> une vedette, une victime, une connaissance, une personne, une recrue, une sentinelle

Gender of animals

Most animals have a single gender, whatever their sex:
> une souris, un rat

Domestic animals and a few wild animals have both a masculine and a feminine form:
> le chien, la chienne ; le coq, la poule ; le taureau, la vache ; le lion, la lionne

The masculine form is used as the general term, the feminine form only being used where specific distinction of sex is made.

Exception: la chèvre (general term for *goat*; masculine is **le bouc**, *billy-goat*)

Nouns with different meaning according to gender

The following nouns have different meanings when masculine and when feminine:

le critique (*critic*)	la critique (*criticism*)
le livre (*book*)	la livre (*pound*)
le manche (*handle*)	la manche (*sleeve*) (with capital letter: *English Channel*)
un office (*office, religious service*)	une office (*pantry*)
le poêle (*stove*)	la poêle (*frying pan*)
le poste (*position; police/radio station*)	la poste (*post; post office*)
le somme (*nap*)	la somme (*sum; total*)
le tour (*turn; trick*)	la tour (*tower*)
le vapeur (*steam-boat; steamer*)	la vapeur (*steam*)
le vase (*vase*)	la vase (*mud*)
le voile (*veil*)	la voile (*sail*)

Plural of nouns

Nouns, unless they already end in **-s** (or **-x** or **-z**), add **-s** to form their plural. However...

Nouns ending **-au, -eau, -eu** add **-x**, and those ending **-al** change to **-aux**:
> le tuyau, les tuyaux ; le gâteau, les gâteaux ; le neveu, les neveux ; le journal, les journaux

Exceptions: le pneu, les pneus ; le bleu, les bleus ; le bal, les bals ; le carnaval, les carnavals ; le festival, les festivals

Nouns ending **-ou** add **-s**, but a group of seven nouns ending **-ou** add **-x**. They are:
> le bijou, le caillou, le chou, le genou, le hibou, le joujou (*plaything*), le pou (*louse*). These become **les bijoux**, etc.

Unchanged in the plural are family names (usually), and letter names:
> les Achard ; cela s'écrit avec deux l

Quite irregular in the plural are:
> le ciel, les cieux ; l'œil, les yeux ; le travail, les travaux ; le vitrail (*stained-glass window*), les vitraux

Compound nouns

Only those parts of the compound that are themselves a noun or an adjective pluralize:
> la belle-mère, les belles-mères, *but* le tire-bouchon, les tire-bouchons.

There are many exceptions, however, of which the most important are:
> la grand-mère, les grand-mères ; (le) monsieur, (les) messieurs ; mademoiselle, mesdemoiselles ; madame, mesdames.

Pronouns

Subject pronouns

The subject pronouns are **je, tu, il, elle, on, nous, vous, ils, elles. Je** elides its vowel before a verb beginning with a vowel or **h**-mute and before **y** and **en. Tu** and its related forms **ton, toi** etc. are used to close friends and relations, fellow students and co-workers, animals and children. **Vous** is more formal and polite; it is always used to strangers. In the plural **vous** is always used.

The subject pronoun **on** means *one* in the sense of people in general. It may correspond to an indefinite **we** or **they** in English:
> on dit qu'elle est intelligente – *they say* ...

In spoken French **on** is almost always used instead of **nous**:
> où on va alors ? – *where are we going then* ?

On may be seen as feminine or plural when agreements are to be made, but does not have to be:
> on était si fatigué(s)

Ce (*this, that, it*) is used as a subject pronoun only with the verb **être**:

   c'est une Renault

It is also used for *he* or *she* before **être** followed by a noun with **un(e)**:

   c'est un médecin

For the plural **ce sont** is used:

   ce sont mes chaussures – *those are . . .*

For verbs other than **être, ça** or the more formal **cela** is used:

   ça (cela) ne marche pas

Object pronouns

The direct object pronouns are **me, te, le, la, nous, vous, les**; the indirect object pronouns are **me, te, lui, nous, vous, leur**. The reflexive pronouns (both direct and indirect) are **me, te, se, nous, vous, se. Y** and **en** are also regarded as object pronouns.

   Object pronouns stand immediately before the verb (this includes infinitives, present participles, **voici** and **voilà**). In compound tenses they stand immediately before the auxiliary verb (**avoir** or **être**):

   je te trouve belle
   je ne te trouve pas beau
   je ne l'ai pas trouvé
   un certificat lui prescrivant un arrêt de travail
   te voilà!

Where two object pronouns appear together they stand in this order:

me				
te	le	lui		
se	la		y	en
nous	les	leur		
vous				

   je te le dis; je le lui ai emprunté; il n'y en a pas

Note that pronouns from the first and third columns in the above table cannot appear together. In the rare cases where this would happen the dative pronoun is expressed by **à** plus a disjunctive:

   on va vous présenter à elle (*not* 'vous lui')

In positive commands object pronouns follow the verb and are hyphenated to it. **Me** and **te** become **moi** and **toi**:

   dis-moi! lève-toi! regardez-la!

Two object pronouns with a verb in the imperative form stand in the following order (in fact the same order as in English):

	moi		
le	toi		
la	lui	y	en
les	nous		
	vous		
	leur		

The imperative forms **moi** and **toi** become **m'** and **t'** before **y** and **en**, and are not followed by a hyphen:

   donnez-m'en

In the negative imperative the object pronouns revert to their normal order, unhyphenated, before the verb:

   ne m'en donnez pas

Y means *there* (in which case, though it behaves as a pronoun, it is really an adverb); or it stands for **à** or **dans** + a thing or things:

   on doit y être au frais (*there*)
   il n'y est pas opposé (*to it*)

Similarly **en** means *from there*, or it stands for **de** + a thing or things:

   il en descend (*from it*)
   il y en a trois (*of them*)

En can also stand for **de** + persons (in the plural, not in the singular). It is always used in expressions of quantity to represent an understood noun (English may use *of it, of the, some, any,* but frequently drops this completely):

   y en a-t-il – *are there any?*
   ils devraient en remplacer trois – *they ought to replace three* (*of them*)

French uses object pronouns generally to complete the sense in a way that English often doesn't:

   il y en a deux; je ne le sais pas; il me l'a dit (*he told me*), s'il faut y aller, faut y aller!

Disjunctive pronouns

The disjunctive forms of the pronouns are those used away from ('disjoined from') verbs. The forms of the disjunctive pronouns are: **moi, toi, lui, elle, nous, vous, eux, elles**. The disjunctive corresponding to **on** is **soi**; it means *oneself, yourself*. Disjunctives can only refer to people, not things.

Disjunctives are used alone:

   Qui est là? – Moi!

They are used after prepositions (and **comme**):

   sans eux; 95% d'entre elles; comme moi

The disjunctive after **à** is the normal way to show possession:

   celui-là, il n'est pas à toi par hasard?

They are used to split up the subject of a verb into its component parts:

   eux et moi, on se regarde

They are used for emphasis:

   moi, je n'aime pas ça

And for additional emphasis the disjunctive combines with **-même** to give **moi-même**, etc.

Disjunctives are also used after **c'est**:

   C'est ton frère? – Oui, c'est lui

and as the object of a verb with **ne . . . que** or after **que** in comparatives:

   on détaille des souvenirs qui n'intéressent que soi
   il est plus grand que moi

Relative pronouns

Relatives **qui** and **que** mean *who, which, that*. Both refer to people and things. Relatives can be omitted in English: they must always be expressed in French:

la femme que tu connais – *the woman (that) you know*

Qui is the subject of the clause it introduces, **que** the object:

cette jeune fille qui parle
la toile d'araignée que la SNCF souhaite tisser
les cars qu'on trouve en Angleterre

Only **que** can elide its vowel, as in the last example above. As in the second example above, **que** may be the object not of the verb it introduces but of an infinitive that depends on that verb (here it is the object of **tisser**).

After **que** the noun subject and the verb frequently invert if nothing else follows the verb in that clause:

voilà une liste des voitures que voit l'inspecteur

Beware: **que** may not be a relative. It is also used in questions, as a conjunction (*that*) and in the second half of a comparison (*than; as*):

que dis-tu ? ; on dit que son père vient à pied ; c'est plus difficile qu'ici

After prepositions the relative is **qui** for people, **lequel (laquelle, lesquels, lesquelles)** for things:

l'homme à qui je l'ai donné
la décentralisation, pour laquelle la TGV a une importance symbolique

After **parmi** and **entre**, **lequel**, not **qui**, is used for people:

les gens parmi lesquels tu vis

When used after **à** and **de**, **lequel** joins up to the preposition to produce the forms **auquel, à laquelle, auxquels, auxquelles** and **duquel, de laquelle, desquels, desquelles** :

les gens auxquels tu penses

Dont is used instead of **de + qui** or **de + lequel**, etc:

il ramassa un tapis dont il se couvrit

The word order after **dont** (or **de qui** or **duquel**) is always subject, verb, rest of sentence:

je viens de voir l'homme dont tu as volé la voiture

This is of course normal word order, but is different from the English order after *whose* – the man whose car you stole (object, subject, verb).

Dont is more used than **de qui** or **duquel**; similarly **où** is very often used instead of **auquel, sur lequel, dans lequel** where the meaning allows it:

sur cette transversale, où elle transporte 120 000 passagers par an . . .

What as a relative is **ce qui** or **ce que**, **ce qui** being the subject form and **ce que** the object form, as with **qui** and **que** :

ce qui est difficile, c'est de trouver le mot juste – *what is difficult* . . .
je ne sais pas ce que j'aime le plus – *what I like most*

In this 'what' sense **ce qui** or **ce que** introduce a noun clause. They can also mean *which*, referring back to an idea rather than a thing:

celle-ci doit venir à heure fixe, ce qui l'empêche de planifier sa journée ('having to come at a particular time' is what prevents her)

Ce qui and **ce que** are also used as the relative after **tout**:

tout ce que je sais, c'est . . .

After prepositions the form of the relative used to mean *which* referring back to an idea, not a thing, is **quoi**:

je le lui ai expliqué, sans quoi il ne t'aurait pas cru

Where a verb takes an object with **à** or **de, ce à quoi** and **ce dont** (= **ce de quoi**) are necessary to form the 'what' clause:

ce à quoi je pense, c'est . . . *what I'm thinking of* . . .
ce dont j'ai besoin, c'est . . . *what I need* . . .

Interrogative pronouns

The English interrogative pronouns *what?* and *who?* correspond to a number of different forms in French:

What? as subject is **qu'est-ce qui** :

qu'est-ce que coûte huit francs ?

as object it is **qu'est-ce que** or just **que** :

qu'est-ce que Marie porte aujourd'hui ?
que dis-tu ?

Who? as subject is **qui est-ce qui** or just **qui** :

qui est-ce qui vous a dit cela ?
qui arrive ?

as object it is **qui est-ce que** or just **qui** :

qui est-ce que tu as choisi ?
qui a-t-il regardé ?

The longer forms are common in speech; there is no short form for *what?* as subject.

After a preposition *who?* is **qui** and *what?* is **quoi**:

avec qui es-tu venue ?
avec quoi l'as-tu nettoyé ?

Remember that in English but never in French the preposition may go to the end of the clause: *with what did you clean it? → what did you clean it with?* Only **avec quoi l'as-tu nettoyé ?** is possible in French.

Note that *what?* as an adjective is **quel**:

de quels gens parles-tu ? – *what people are you speaking of?*

It can also mean *which?* as an adjective:

de quel livre parles-tu ? – *which book are you speaking of?*

Which? as a pronoun is **lequel (laquelle, lesquels, lesquelles)**:

Lequel des deux préférez-vous ?

Possessive pronouns

The forms of the possessive pronouns (corresponding to *mine, yours,* etc. in English) are:

le mien, la mienne, les miens, les miennes

and similarly:

le tien, le sien
le nôtre, la nôtre, les nôtres

and similarly:

le vôtre, le leur

Mamadou fait parti des miens ; j'ai perdu la vôtre

Remember that **le sien** means either *his* or *hers* referring to a masculine object, **la sienne** means either *his* or *hers* referring to a feminine object.

After **être, à** + a disjunctive pronoun may also be used to show possession. In this case **c'est le mien** has the implication 'that one is mine, maybe some other is yours' (distinguishing between objects possessed), whereas **c'est à moi** implies 'that's mine, give it to me!', with emphasis on the ownership of the object.

Demonstrative pronouns

The demonstrative pronouns **celui, celle, ceux, celles** point things out. They can be found followed by a preposition, by **qui/que** or by **-ci/-là.**

Followed by **de, celui** means *that of* or is the equivalent of the English *'s*

un petit emploi, en l'occurence celui de réparateur – *that of repairman*
c'est celui de Jeanne – *it's Jeanne's*

It is also found with other prepositions, **celui à** being much used with prices:

celui à trente francs, s'il vous plaît

Followed by **qui/que** it means *the one who, those who.* The **qui** or **que** behaves like a normal relative:

celle qui habitait à côté du boucher
ceux que vous trouvez mauvais

In this meaning it can also be followed by **à qui** and **dont** when used with verbs that take an object with **à** or **de**:

celle à qui je pense ; celui dont tu parles

Followed by **-ci/-là** it means *this one/that one* and also *the latter/the former*:

celui-ci est petit, celui-là est grand – *this one ... that one ...*
celui-ci doit venir deux fois par mois, celui-là une fois seulement – *the latter ... the former ...*

Celui, etc. refers quite precisely to people and things; **ceci/cela** (**ça** in conversation) is used to refer to ideas or facts, or to things so far unnamed:

ceci m'appartient – *this (whatever it is) belongs to me*
les manteaux ? – celui-ci m'appartient – *this (particular coat here) belongs to me*

Adjectives

Feminine forms

Unless they already end in **-e**, adjectives add **-e** to form their feminine. The following groups make other changes as well:

-er → ère:	premier → première
-f → -ve:	informatif → informative
-et → -ète:	complet → complète
-x → -se:	sérieux → sérieuse
-c → -que:	public → publique
-teur → -trice:	conservateur → conservatrice

but adjectives in **-eur** formed from the present participle of a verb become **-euse** in the feminine: **flatteur** (from **flatter/flattant**) → **flatteuse**

Adjectives in the following groups double their consonant before adding **-e**:

-on → -onne:	bon → bonne
-et → -ette:	net → nette
-as → -asse:	bas → basse
-en → -enne:	ancien → ancienne
-il → -ille:	gentil → gentille
-el → -elle:	officiel → officielle

The following adjectives have a special form for use before masculine singular nouns beginning with a vowel: beau/belle **(bel)**, fou/folle **(fol)**, mou/molle **(mol)**, nouveau/nouvelle **(nouvel)**, vieux/vieille **(vieil)**; similarly ce/cette **(cet)**:

un bel enfant ; le nouvel an

Other common adjectives with irregular feminines are: blanc → blanche, sec → sèche, franc → franche, bref → brève, gros → grosse, épais → épaisse, nul → nulle, faux → fausse, doux → douce, frais → fraîche, long → longue, muet → muette, favori → favorite

Compound colour adjectives, and nouns used as adjectives, do not normally agree, either with a feminine or a plural noun:

des murs vert clair ; des mots clef ; une voiture marron

Plural forms

Adjectives ending in **-eau** and **-al** become **-eaux** and **-aux** in the masculine plural; adjectives ending in **-s** and **-x** remain unchanged:

beau → beaux, familial → familiaux, heureux → heureux
Note that this only refers to the masculine plural; the feminine plural is formed regularly from the feminine singular:

de belles enfants ; des salles familiales ; des femmes heureuses

Exceptions: fatal → fatals, final → finals, naval → navals

Position of adjectives

Though the usual position for adjectives in French is after the noun, most adjectives can in fact be placed before or after their nouns. Placing an adjective after a noun indicates an objective distinction; placing it before expresses personal feeling or sentiment. So colour adjectives, almost always objective distinguishers, usually follow, whilst a number of common adjectives such as **beau** (quelle belle journée!) are rarely used as objective distinguishers and therefore almost always precede. Such adjectives are **beau, bon, jeune, grand, long, vieux, court, gros, petit, nouveau, joli, gentil, mauvais, méchant, vaste, vilain.**

Indefinite adjectives such as **quelque, chaque, autre, plusieurs, tel** always precede; so do numbers and numerical adjectives. Past participles used as adjectives always follow, as do adjectives of nationality.

A certain number of adjectives have quite different meanings according to whether they **a** precede or **b** follow:

ancien : **a** *former* **b** *ancient*
certain : **a** *certain* (= I'm not sure what) **b** *(absolutely) sure*
cher : **a** *dear* (= emotionally important to me) **b** *expensive*
dernier : **a** *last* (of a sequence) **b** *last* (= just gone)
pauvre : **a** *poor* (= to be pitied) **b** *poor* (= not rich)
propre : **a** *own* **b** *clean*
seul : **a** *only* **b** *alone*
vrai : **a** *real, genuine* **b** *true* (not fictitious)

Comparative and superlative

Both comparative and superlative (English: *more* and *most* or *-er* and *-est*) are formed in French with **plus**:
une planche de surf plus légère
c'est le plus beau sport possible
If the adjective follows the noun, in the superlative the **le (la, les)** is repeated after the noun:
c'est l'activité physique la plus simple
Than in a comparison is **que** in French:
il est plus vieux que moi
Comparisons can be 'less...than', 'as...as', 'not as...as' as well as 'more...than'. These are **moins...que, aussi...que, pas aussi** (or **pas si**) **...que** in French. Note that **plus que, moins que** express comparison, whereas **plus de, moins de** express quantity:
il est moins loin que ça ; à moins de quatre cents mètres
More and more, less and less are **de plus en plus, de moins en moins** : la pente devient de plus en plus raide
In after a superlative is **de**:
le plus branché de la ville
So is *by* with either a comparative or a superlative
il est de beaucoup le plus branché
The following comparative forms are exceptional:
bon → meilleur
mauvais → plus mauvais (but **pire** or **pis** (*morally worse*) is still found in some set phrases like **tant pis**)
petit → plus petit (*physically smaller*); moindre (*of less importance*)

Cardinal numbers

No hyphens in **vingt et un, trente et un**, etc., nor in **soixante et onze**. Note the forms and spelling of **soixante-dix, quatre-vingts, quatre-vingt-un, quatre-vingt-dix, quatre-vingt-onze. Septante, octante** and **nonante** are used for 70, 80 and 90 in Belgium, Switzerland, and Canada.

There is no **-s** on the plural of **cent** and **vingt** followed by another number; there is no **-s** ever on the plural form of **mille** (= thousand); **mille** takes an **-s** when it means *miles*. **Un million** and **un milliard** are nouns; other numbers are adjectives. There is no **un** before **cent** and **mille** meaning *one hundred, one thousand*. **Mil** is used for **mille** in the spelling of dates: **mil neuf cent dix** (but in speech **dix-neuf cent dix** is the usual form).

The **-x** of **six** and **dix** is not pronounced before a consonant; before a vowel it is pronounced as a **z**; where **six** or **dix** stand alone (**page dix**) or in dates (**le six mai**) the **x** is pronounced as **s**. No elision before **huit** or **onze** : **le huit; le onzième**.

French uses cardinal numbers where we would use ordinals for days of the month (except **le premier**) and numbers of kings (again except **premier**). Like English it also uses cardinals for act, scene, volume, and chapter numbers, but again excepting **premier** :
le premier mai ; le deux juin ; François Premier ; Henri Quatre ; acte trois ; chapitre premier

Ordinal numbers

Ordinals are formed by dropping the final **-e** of the cardinal number (if there is one) and adding **-ième** : troisième ; douzième.
Exceptions: premier (*fem*: -ère) (*but* vingt et unième, *etc.*); cinquième; neuvième.

Second (*fem*: **-e**) is an alternative to **deuxième**. It tends to be used where there is no reference to a third or subsequent object (but note: **je suis en seconde** – I am in *the fifth form*).

Notice the word order where cardinal and ordinal come together: **les trois premiers jours** - *the first three days*.

Ordinals are used to express fractions of less than $\frac{1}{4}$: **cinq huitièmes** = $\frac{5}{8}$. The other fractions are **un demi (la moitié), un tiers, un quart. Demi** used as an adjective is invariable; it goes before the noun and is hyphenated to it: **une demi-heure.** Ordinals are sometimes found abbreviated thus: 2^0, 3^0. This stands for the Latin *secundo, tertio*, etc.

Measurements

The most common way of expressing dimensions of objects is:
Quelle est la longueur/largeur/hauteur de la boîte ?
Elle a trente centimètres de long/large/haut.
Also common are:
une boîte longue (etc.) de 30 cm.
une boîte de 30 cm de longueur (etc.)
une boîte d'une longueur (etc.) de 30 cm.

Personal measurements are expressed;

Quelle est sa taille ? – Elle a une taille d'un mètre soixante-cinq.

Quelle taille faites-vous ? – *What size are you* ?

Quel est son tour de poitrine/taille/hanches ? – Elle a 76 cm de tour de taille, *etc.* (Note the three different meanings of **taille**.)

Quelle pointure chausse-t-elle/fait-elle ? – Elle chausse/fait du trente-six.

Adverbs

Adverbs are formed by adding **-ment** to the feminine form of the adjective ; if the masculine form of the adjective ends in a vowel **-ment** is added to the masculine form :

long → longuement ; vrai → vraiment ;
forcé → forcément

Exceptions : nouveau → nouvellement ; mou → mollement ; fou → follement

Formed on the same pattern as **forcément**, though actually irregular, are **profondément, aveuglément, communément, confusément, précisément, impunément, intensément**.

Adjectives ending **-ent** or **-ant** form adverbs ending **-emment** and **-amment** (both pronounced as if they were spelled **-amment**) :

récent → récemment ; constant → constamment

Exceptions : lent → lentement ; présent → présentement

Completely irregular are : **gai → gaiement ; gentil → gentiment ; bref → brièvement** and of course **bon → bien** and **mauvais → mal**.

Comparative and superlative

These are the same as the comparative and superlative of adjectives :

elle marche plus vite que lui
il marche le plus vite

but only the singular **le** form is used in the superlative :

elles marchent le plus vite

The following comparative and superlative forms are irregular :

beaucoup → plus, le plus
peu → moins, le moins
bien → mieux, le mieux

Interrogative adverbs

The word order after an interrogative adverb is as follows :

a Statement with question intonation (very common in speech though it may sound a little casual) :

quand tu pars ? ; tu pars quand ? (adverb may be at end)

b Interrogative adverb + **est-ce que** + statement (very common) :

quand est-ce que tu pars ?

c Interrogative adverb + verb + subject pronoun :

quand pars-tu ?

d Interrogative adverb + verb + subject noun :

quand part ton père ?

However, this last form is not possible after **pourquoi**, or if the verb has an object. It sounds clumsy if the verb is in a compound tense and is usually best avoided altogether by using one of the other three forms. In formal writing interrogative adverb + subject noun + verb + subject pronoun may be substituted :

pourquoi ton père part-il ?

Negative adverbs

The most frequently met negatives are **ne + pas, plus, jamais, nulle part, personne, aucun(e), guère, rien, que** and **ni . . . ni**. They go round the verb they negate and also enclose any object pronouns as well :

je ne le vois nulle part

In the compound tenses they go round the auxiliary verb :

je ne l'ai jamais vu

except **ne . . . personne** and **ne nulle part** :

je n'ai vu personne ; je ne l'ai vu nulle part

In a negative question the subject pronoun is also enclosed :

ne l'a-t-il pas vu ?

With **ne . . . que, ne . . . aucun** the second part of the negation stands in front of the word it qualifies :

je ne vous parlerai aujourd'hui que de celle que je connais
il n'y a vraiment aucune possibilité de cela

The two **ni** of **ne . . . ni . . . ni** also stand in front of the words they qualify :

je n'ai vu ni l'une l'autre de ces deux personnes

but if the 'neither . . . nor' qualifies two verbs **ne . . . ni . . . ne** is used :

il ne mange ni ne boit

Ne . . . que cannot qualify the verb directly : **faire** must be added thus :

il ne fit que se gratter la tête – *he only scratched his head*

More than one negating adverb may be found together, depending on a single **ne** :

on ne vit pas que de pizzas

Those most commonly found in combination are **plus, jamais, rien, personne** and **nulle part** ; they always appear in that order. **Non plus** may also be added with the reinforcing sense of *either*.

In spoken French the **ne** is constantly dropped :

c'est pas ce que je veux dire

In written French the **pas** of **ne . . . pas** may be dropped with the verbs **pouvoir, savoir, cesser** and **oser** :

il n'osa le faire ; elle ne cessa de rire

Jamais, rien, personne can be the subject of the sentence, as can **ni**, or **aucun** with a noun:

personne ne l'a vu

aucune lumière n'était à voir dans la chambre

Ni . . . ni . . . as subject takes a singular verb. Don't be tempted to put a **pas** into any of these sentences. With infinitives both parts of the negative precede the verb; **pas** or the stronger **non pas** is used to negate parts of the sentence other than the verb; **non** may also be used by itself with adjectives:

à ne pas manquer; un restaurant pas comme les autres; eau non potable

Other negative adverbs you may meet are **ne . . . nul(le)** (*no*), **ne . . . nullement** (*in no way*), **ne . . . point** (*not*, archaic or literary).

Non-negative 'ne'

A non-negative **ne** is used in careful speech and writing after the following expressions:

verbs of fearing: **avoir peur que, craindre que**

j'ai peur qu'il ne soit déjà arrivé

the comparisons: **plus que, moins que**

elle est moins intelligente que tu ne le penses

the conjunctions: **avant que, à moins que, de peur que, de crainte que**

je l'ai fait de peur qu'il ne le fasse lui-même

This **ne** is not used in everyday spoken French.

Prepositions

Prepositions vary considerably from language to language; their usage does not lend itself to rules. The following list is by no means comprehensive, but simply looks at meanings of prepositions where difficulties commonly arise because of a difference from English usage.

à

at, in (place): je te retrouverai à la gare routière; à Paris; à la campagne; à la maison; à la main

to: en réponse à ces questions; au voleur!

with, containing: des pâtés au bœuf; des chiens à pedigree

with (manner): à haute voix

in the manner of: des champignons à la grecque

in, to (with masculine and plural country names): aux États-Unis, au Portugal

in (time): au XVIIIᵉ siècle; à mon tour; au crépuscule; au petit matin (but without an adjective, *in* with parts of the day is just *le*: le matin – *in the morning*; le soir – *in the evening*)

on: au menu; au mur; marqué au front

for (attributively): un verre à vin – *a wine glass* (i.e., a glass for wine; *a glass of wine* is **un verre de vin**)

belonging to (possession after être*)*: c'est à moi

by (means of), *on (with means of locomotion where there is the sense of 'on top of')*: à bicyclette; à cheval; à pied (cf. **en, par** with this meaning)

For uses of **à** with verbs see pages 107 and 108.

après

after (time or place): après la guerre; après moi; la première maison après la gare

after (in pursuit of): on court après lui

according to: d'après Voltaire . . .

auprès de

beside (proximity): auprès de ma blonde

beside (in comparison): son père n'est rien auprès de lui

avant, devant

before (time): avant trois heures

before (a place in sequence): vous descendez avant Paris?

in front of (place): on arrive maintenant devant la gare

chez

at (the house or shop of): chez moi, chez le boulanger

with (where X is concerned): chez elle on ne sait jamais où on en est

dans

in (place): dans sa maison; dans sa vie; dans la ville

in (time=at the end of): je te reverrai dans trois jours (cf. **en**, time)

from: je l'ai pris dans ma poche

de

of, X's (possession, relation): le pull de Pierre; la femme de son oncle

from: différents de ceux de notre RSPCA; d'où venait-il?; de temps en temps; du matin au soir

by: accompagné de sa mère

with: un chat rayé de brun-noir

in, made of (attributive): des poulets de batterie (*battery hens*); un coussin de soie (*silk cushion*)

of (appositional): au mois de juin; la ville de Londres

to: libre d'assumer son destin; on est surpris d'apprendre

about (=on the subject of): Nicole est folle de ses animaux

in: d'une voix forte; d'une manière abrupte; d'une façon stupide; le meilleur du monde; la première fois de sa vie

than: plus de trois fois; les enfants de moins de trois ans

after **quelque chose, rien**: quelque chose de beau; rien de nouveau

after expressions of quantity (includes million, milliard *but not other numbers)*: un million de chiens; beaucoup de monde

For uses of **de** with verbs see pages 107 and 108.

depuis

since (point in time): depuis son arrivée à Lyon

for (length of time): je suis là depuis deux jours (*have been*); j'étais là depuis deux jours (*had been*) (NB French tenses); cf. also **pendant, pour** in this meaning

from (place, in 'from . . . to'): la côte depuis Noirmoutier jusqu'à Bénodet

dès

from (point in time onwards) : dès son mariage elle a été comme ça ; je le ferai dès demain

devant, see **avant**

en

Basically a more abstract or less specific 'in' than **dans** ; almost never used with an article.

in : en série ; en réponse à vos questions ; en ville ; à chaque arrivée en usine ; en forme d'os ; en colère

in, to with feminine names of countries, continents : il arrive en France ; nous en Europe

in with months, seasons, years : en janvier ; en été (*but au printemps*) ; en 1999 (*but en l'an 1999 – note article*)

in (=in the form of) : un dos en arc de cercle

in (=made of) : un téléviseur en or (cf **de** with this meaning : **en** tends to indicate something more unusual or surprising ; it may also be less pejorative : un caractère de cochon ; un caractère en or)

on : on part en tournée ; le chat vous suit en promenade

as (appositional) : M. Lejeune, en parfait gentleman-farmer ; elle ne me traite pas en adulte ; déguisé en espion

by (with means of transport where one is 'in' the vehicle ; cf **à, par** *with this meaning)* : en avion ; en auto

in (time within which) : il le fera en trois mois (*within the space of . . .*) (*cf* **dans**, *time*)

by, whilst, in (followed by present participle) : je l'ai vue en sortant de chez Fauchon (*all other prepositions are followed by the infinitive* : sans sortir de chez Fauchon)

entre

between (two) : entre midi et minuit ; entre rue Nicolas et l'hôtel de ville

among (more than two) : ici on est entre amis

par

by : on commence par faire quelque chose, et on finit par faire quelque chose d'autre ; ils y sont entrés deux par deux

by (alternative to **en** *with a few means of transport)* : par le train ; par le métro ; par avion (cf **en, à** with this meaning)

by (with passive) : il a été blessé par un coup de fusil

through : il m'a vu par la porte ouverte ; on a longtemps erré par la ville

on : par un beau jour d'été ; elle était étendue par terre

for (reason) : il l'a fait par conviction

in : par un temps impossible

per, a : trois par personne ; dix fois par semaine

pendant

during : pendant la guerre

for (time, completed period in the past) : l'année dernière il y travailla pendant un mois (cf **depuis, pour** with this meaning)

pour

for (in favour of, on behalf of) : nous sommes tous pour la liberté, mais eux, ils sont morts pour la liberté

for (intention) : un cadeau pour ta mère ; on part pour La Réunion

as for : pour moi, je ne suis pas tout à fait d'accord

to (=in order to) : pour arriver à votre hôtel, il faut tourner à droite

to (after **trop, assez**) : il est trop stupide pour comprendre

for (time intended) : il est là pour un an (cf **depuis, pendant** with this meaning)

sur

on, on to : sur le point de partir ; sur le toit

whereupon : sur quoi il est parti

over : il n'a aucune autorité sur moi

in : un train sur vingt arrive à temps

by : cinq mètres de long sur deux mètres de large

Punctuation

French punctuation differs from English in the following respects:

Colon

This is used more frequently in French. It means 'here comes an explanation or amplification of what I've just mentioned' :

Une solution : élever des cigognes purement alsaciennes.

Often a dash would be used for this in English; dashes are very rarely used in this way in French.

Dash

This is used at the beginning and end of parentheses, as sometimes in English, and to indicate a change of speaker in direct speech (see below). A dash is also used at the start of each item in a list, when this is printed on a separate line.

Suspension points (. . .)

These indicate something broken off, as in English. They also, in French, mean 'here comes something funny, or odd, or unexpected':

Des cigognes sur le toit c'est romantique . . . en Alsace. (but not on *your* roof in Paris)

Comma

Not used in numbers, as in English. Numbers are printed with blanks where we put commas. The comma is used where we would use a decimal point:

35 000 000 ; 3,26

Capital letters

Much less used than in English. French uses small letters for:

country adjectives: elle a l'air allemand; elle est allemande

names of languages: elle parle allemand (*but not of nationalities*: c'est une Allemande)

personal titles: le général de Gaulle; monsieur Dubois (*but* M. Dubois)

rue, place, *etc. in street and place names*: avenue Clémenceau; la mer Méditerranée

points of the compass: le sud; le nord (le Nord *is the name of the region*)

names of days, months: jeudi prochain; en mai dernier

Inverted commas (guillemets)

These are printed « » or " "; single inverted commas (' ') are not normally used in French.

Inverted commas are placed at the beginning and end of a section of dialogue. Within that dialogue, change of speaker will be indicated by a new paragraph beginning with a dash: –. Short phrases indicating who is speaking and their attitude (**dit-elle d'une voix charmante**) are ignored. (In English we would close the inverted commas before them and reopen them after.) Longer interpolations (of at least one complete sentence) do however involve closing and reopening the inverted commas.

To distinguish between actual speech and *she said*-type interpolations, French magazines and newspapers frequently print the actual words spoken in italics, in addition to using inverted commas and dashes as above.

Regular verbs

infinitive	present	pres. and past parts.; imperative	imperfect	future	past historic	present subjunctive
porter	je porte tu portes il porte nous portons vous portez ils portent	portant porté; porte portons portez	portais portais portait portions portiez portaient	porterai porteras portera porterons porterez porteront	portai portas porta portâmes portâtes portèrent	porte portes porte portions portiez portent
finir	je finis tu finis il finit nous finissons vous finissez ils finissent	finissant fini; finis finissons finissez	finissais, etc.	finirai, etc.	finis finis finit finîmes finîtes finirent	finisse finisses finisse finissions finissiez finissent
rendre	je rends tu rends il rend nous rendons vous rendez ils rendent	rendant rendu; rends rendons rendez	rendais, etc.	rendrai, etc.	rendis, etc.	rende rendes rende rendions rendiez rendent

Verbs in -er with slight changes

infinitive	present	past participle	future	past historic	other irregularities
-e .. er verbs					
The **e** changes to **è** when a mute **e** follows:					
acheter *buy*	j'achète tu achètes il achète nous achetons vous achetez ils achètent	acheté	j'achèterai	j'achetai	
Three common **-e .. er** verbs produce the same effect by doubling the consonant after the **e**:					
jeter *throw*	je jette nous jetons	jeté	je jetterai	je jetai	
appeler *call*	j'appelle nous appelons	appelé	j'appellerai	j'appelai	
épeler *spell*	j'épelle nous épelons	épelé	j'épellerai	j'épelai	

infinitive	present	past participle	future	past historic	other irregularities

-é .. er verbs

The **é** changes to **è** as above, except in the future:

infinitive	present	past participle	future	past historic	other irregularities
préférer *prefer*	je préfère nous préférons	préféré	je préférerai	je préférai	

-yer verbs

The **y** changes to **i** when a mute **e** follows. The change is optional with **-ayer** verbs.

infinitive	present	past participle	future	past historic	other irregularities
appuyer *lean*	j'appuie nous appuyons	appuyé	j'appuierai	j'appuyai	

-cer, -ger verbs

Verbs in **-cer** change the **c** to **ç**, and verbs in **ger** change the **g** to **ge**, before **a** and **o**. This is to keep the **c** and **g** as soft sounds.

infinitive	present	past participle	future	past historic	other irregularities
commencer *begin*	je commence nous commençons	commencé	je commencerai	je commençai	*present participle* commençant *imperfect* je commençais, nous commencions
manger *eat*	je mange nous mangeons	mangé	je mangerai	je mangeai	*present participle* mangeant *imperfect* je mangeais, nous mangions

Irregular verbs

Verbs marked † form their perfect with **être**.
Verbs marked * are less common; some parts are very rarely met.

infinitive	present	past participle	future	past historic	other irregularities
*acquérir *acquire*	j'acquiers tu acquiers il acquiert nous acquérons vous acquérez ils acquièrent	acquis	j'acquerrai	j'acquis	
admettre *admit*	→ mettre				
aller† *go*	je vais tu vas il va nous allons vous allez ils vont	allé	j'irai	j'allai	*subj.* j'aille, nous allions
apercevoir *catch sight of*	→ recevoir				
apparaître *appear*	→ connaître				

infinitive	present	past participle	future	past historic	other irregularities
apprendre *learn*	→ prendre				

s'asseoir†
sit down
	je m'assieds/assois
	tu t'assieds/assois
	il s'assied/assoit
	nous nous asseyons/
	      assoyons/
	vous vous asseyez/
	      assoyez/
	ils s'asseyent/
	      assoient
		assis	je m'assiérai	je m'assis	*the forms in* -o-
					are more
					colloquial

atteindre *reach*	→ peindre				
avoir *have*	j'ai tu as il a nous avons vous avez ils ont	eu	j'aurai	j'eus	*subj,* j'aie. nous ayons *present participle* ayant *imperative* aie, ayons, ayez
*battre *beat*	*regular except present*: je/tu bats, il bat, nous battons, vous battez, ils battent				
*se battre† *fight*	→ battre				
boire *drink*	je bois tu bois il boit nous buvons vous buvez ils boivent	bu	je boirai	je bus	
*bouillir *boil*	*regular except present*: je/tu bous, il bout, nous bouillons, vous bouillez, ils bouillent				
*combattre *combat*	→ battre				
commettre *commit*	→ mettre				
comprendre *understand*	→ prendre				
*concevoir *conceive*	→ recevoir				
conduire *drive*	je conduis tu conduis il conduit nous conduisons vous conduisez ils conduisent	conduit	je conduirai	je conduisis	

infinitive	present	past participle	future	past historic	other irregularities
connaître *know*	je connais tu connais il connaît nous connaissons vous connaissez ils connaissent	connu	je connaîtrai	je connus	
construire *construct*	→ conduire				
*contraindre *restrict*	→ peindre				
*contredire *contradict*	→ dire				
*convaincre *convince*	→ vaincre				
courir *run*	je cours tu cours il court nous courons vous courez ils courent	couru	je courrai	je courus	
couvrir *cover*	je couvre tu couvres il couvre nous couvrons vous couvrez ils couvrent	couvert	je couvrirai	je couvris	
craindre *fear*	→ peindre				
croire *believe*	je crois tu crois il croit nous croyons vous croyez ils croient	cru	je croirai	je crus	
*croître *grow*	je croîs tu croîs il croît nous croissons vous croissez ils croissent	crû (f: crue)	je croîtrai		*past historic not used*
*cuire *cook*	→ conduire				
décevoir *deceive*	→ recevoir				
découvrir *discover*	→ couvrir				

infinitive	present	past participle	future	past historic	other irregularities
décrire *describe*	→ écrire				
*détruire *destroy*	→ conduire				
devoir *must; owe*	je dois tu dois il doit nous devons vous devez ils doivent	dû	je devrai	je dus	*past participle* *feminine* due *plural* dus, dues
dire *say*	je dis tu dis il dit nous disons vous dites ils disent	dit	je dirai	je dis	
dormir *sleep*	→ partir				
écrire *write*	j'écris tu écris il écrit nous écrivons vous écrivez ils écrivent	écrit	j'écrirai	j'écrivis	
*élire *elect*	→ lire				
*émouvoir *move;* *stir up*	j'émeus tu émeus il émeut nous émouvons vous émouvez ils émeuvent	ému	j'émouvrai	j'émus	
*s'enquérir† *enquire*	→ acquérir				
envoyer *send*	j'envois tu envois il envoit nous envoyons vous envoyez ils envoient	envoyé	j'enverrai	j'envoyai	
éteindre *switch off; put out*	→ peindre				

infinitive	present	past participle	future	past historic	other irregularities
être *be*	je suis tu es il est nous sommes vous êtes ils sont	été	je serai	je fus	*subj.* je sois, nous soyons *present participle* étant *imperative* sois, soyons, soyez
*étreindre *embrace*	→ peindre				
faire *do; make*	je fais tu fais il fait nous faisons vous faites ils font	fait	je ferai	je fis	*subj.* je fasse, nous fassions
falloir *must; be* *necessary*	il faut	fallu	il faudra	il fallut	*subj.* il faille
*fuir *flee*	je fuis tu fuis il fuit nous fuyons vous fuyez ils fuient	fui	je fuirai	je fuis	
*s'inscrire *have oneself registered; take one's place* → écrire					
introduire *introduce; put in* → conduire					
joindre *join*	→ peindre				
lire *read*	je lis tu lis il lit nous lisons vous lisez ils lisent	lu	je lirai	je lus	
*luire *shine*	il luit ils luisent	lui (*no f.*)	il luira		*past historic* *not used*
mentir *tell lies*	→ partir				
mettre *put*	je mets tu mets il met nous mettons vous mettez ils mettent	mis	je mettrai	je mis	

infinitive	present	past participle	future	past historic	other irregularities
mourir† *die*	je meurs tu meurs il meurt nous mourons vous mourez ils meurent	mort	je mourrai	je mourus	
*naître† *be born*	*like* connaître, *but past participle* né, *past historic* je naquis				
offrir *offer*	→ couvrir				
ouvrir *open*	→ couvrir				
*paître *graze*	*like* connaître, *but no past participle or past historic*				
paraître *appear*	→ connaître				
partir† *leave*	je pars tu pars il part nous partons vous partez ils partent	parti	je partirai	je partis	
peindre *paint*	je peins tu peins il peint nous peignons vous peignez ils peignent	peint	je peindrai	je peignis	
*plaindre *pity*	→ peindre				
*plaire *please*	je plais tu plais il plaît nous plaisons vous plaisez ils plaisent	plu	je plairai	je plus	
pleuvoir *rain*	il pleut	plu	il pleuvra	il plut	*subj.* il pleuve
poursuivre *pursue*	→ suivre				
pouvoir *can; be able*	je peux, puis-je tu peux il peut nous pouvons vous pouvez ils peuvent	pu	je pourrai	je pus	*subj.* je puisse, nous puissions

infinitive	present	past participle	future	past historic	other irregularities
prendre *take*	je prends tu prends il prend nous prenons vous prenez ils prennent	pris	je prendrai	je pris	
produire *produce*	→ conduire				
*promouvoir *promote*	*only infinitive and past participle* (promu) *used*				
recevoir *receive*	je reçois tu reçois il reçoit nons recevons vou recevez ils reçoivent	reçu	je recevrai	je reçus	
reconnaître *recognize*	→ connaître				
*réduire *reduce*	→ conduire				
*se repentir† *repent*	→ partir				
*résoudre *resolve*	je résous tu résous il résout nous résolvons vous résolvez ils résolvent	résolu	je résoudrai	je résolus	*past participle* résous (*f*: -oute) ='dissolved' (*physics*)
*restreindre *restrain; limit*	→ peindre				
rire *laugh*	je ris tu ris il rit nous rions vous riez ils rient	ri	je rirai	je ris	
savoir *know*	je sais tu sais il sait nous savons vous savez ils savent	su	je saurai	je sus	*subj.* je sache, nous sachions *present participles* sachant; savant *imperative* sache, sachons, sachez
*séduire *seduce*	→ conduire				
se sentir† *feel*	→ partir				

infinitive	present	past participle	future	past historic	other irregularities
servir *serve*	→ partir				
sortir† *go out*	→ partir				
souffrir *suffer*	→ couvrir				
sourire *smile*	→ rire				
*suffire *be (quite)* *enough*	*like* lire, *but past participle* suffi, *past historic* je suffis				
suivre *follow*	je suis tu suis il suit nous suivons vous suivez ils suivent	suivi	je suivrai	je suivis	
surprendre *surprise*	→ prendre				
*survivre *survive*	→ vivre				
*se taire† *be quiet*	*like* plaire, *but* il *form of present* il se tait				
tenir *hold*	→ venir				
traduire *translate*	→ conduire				
*vaincre *defeat*	je vaincs tu vaincs il vainc nous vainquons vous vainquez ils vainquent	vaincu	je vaincrai	je vainquis	
*valoir *be worth*	*like* falloir *but with single -l- except subjunctive:* il vaille. *Parts other than* il *extremely uncommon.*				
venir† *come*	je viens tu viens il vient nous venons vous venez ils viennent	venu	je viendrai	je vins tu vins il vint nous vînmes vous vîntes ils vinrent	

infinitive	present	past participle	future	past historic	other irregularities
vivre *live*	je vis tu vis il vit nous vivons vous vivez ils vivent	vécu	je vivrai	je vécus	
voir *see*	je vois tu vois il voit nous voyons vous voyez ils voient	vu	je verrai	je vis	
vouloir *want*	je veux tu veux il veut nous voulons vous voulez ils veulent	voulu	je voudrai	je voulus	*subj.* je veuille nous voulions *imperative* veuille, veuillez (= *would* *you kindly*)

Language manipulation exercises

Unité 1

1 Faites des définitions françaises de ces noms que vous avez recontrés dans l'unité :

un dictionnaire	un dialecte
le jargon	la nostalgie
un coup d'état	un intellectuel
la verroterie	un néologisme
une zone piétonne	une agglomération
le chewing gum	une bibiothèque

2 Faites une définition de chacun de ces verbes que vous avez rencontrés dans l'unité ; puis utilisez-le dans une phrase française :

emprunter	émigrer
afficher	deviner
matraquer	revendiquer

3 Donnez (ou si vous ne le pouvez pas, trouvez dans les textes de l'unité...) les adjectifs qui correspondent à ces noms :

la politique	les média
la science	la vanité
la culpabilité	la culture
la minorité	l'autorité
la justice	la langue
la discrimination	l'informatique

4 Relisez l'article du *Parisien* dans la section 9 de l'unité, puis, sans plus le consulter, comblez les vides dans cet extrait :

Originaire du Nord, Charles-Albert de Waziers _____ aux destinées des dictionnaires « Le Robert ». Une _____ d'ouvrages sur la _____ française, qui en un quart de _____ a conquis une place et une _____ enviable dans le monde de l'édition. Une aventure dont les prémices _____ à 1946.

A cette date, Paul Robert _____ une thèse de doctorat. Conscientieux à l'extrême dans la recherche du mot _____, notre homme trouvait _____ un dictionnaire qui lui _____. Qu'à cela ne tienne, il va _____ son propre dictionnaire. Dix-huit ans plus tard, en _____, paraissait la première _____ du « Robert » en six _____. Un travail de Titan qui donnait un _____ à la langue française.

5 Écoutez de nouveau le premier enregistrement de la section 2 de l'unité. Votre professeur aménagera une pause dans la reproduction de la bande à la fin de chacune des phrases incomplètes suivantes, et vous compléterez la phrase par écrit.

1 le Calaisis, qui peut être considéré comme le nord de la Picardie, de l'ancienne province de Picardie, et...
2 au-dessus de la Loire, il existe la langue d'oïl, et au sud de cette même... de ce...
3 nous avons également subi l'occupation des Celtes...

4 le schweizerdeutsch ou plutôt tout simplement la langue alsacienne qui . . .
5 à Marseille vous noterez qu'on prononce toutes les syllabes, ce qui fait que . . .
6 et on sent nettement l'influence italienne ou . . .
7 un pays désolé où il fait toujours du vent, où il fait gris . . .
8 les gens du nord sont des gens travailleurs, ils sont . . .
9 on ferme les fenêtres. Et j'ai remarqué aussi que . . .
10 or, eux prétendent qu'ils enjolivent la vérité, . . .

Unité 2

1 Trouvez les mots (recontrés dans l'unité) qui correspondent à ces définitions :

1 Homme qui hait les femmes.
2 Dépenser ou consommer sans penser aux conséquences.
3 Personne qui se tient dans la rue et demande de la charité.
4 Être assez.
5 Mot familier signifiant amusant, drôle, curieux.
6 Toucher de pitié.
7 Ennuyer fortement.
8 Qualité de pouvoir se tirer bien de n'importe quelle difficulté.

bafouiller stammer

2 Voici une autre mendiante interviewée par *Marie Claire*. Comblez les vides dans l'extrait en utilisant les mots ci-dessous.

fermés ; sourire ; blanc ; dialogue ; joue ; répondre ; métro ; instrument ; gagne ; couloirs ; silence ; joue ; méfiante ; vingtaine ; veut ; bafouille

Nous plongeons dans le métro. Dans les ＿＿＿ de la station Concorde, à l'intersection
« Vincennes/Neuilly », le visage aussi ＿＿＿ que la céramique de mur, une jeune femme
＿＿＿ du violon les yeux ＿＿＿. Elle s'arrête, ＿＿＿, à notre approche. Dans l'étui de
son ＿＿＿ posé à ses pieds, une ＿＿＿ de pièces d'un franc.
   Le ＿＿＿ sera difficile. Beaucoup de ＿＿＿. Elle ne ＿＿＿ pas nous dire son âge.
Trente, trente-cinq ans ?
   Elle ＿＿＿ sa nationalité. « Heu . . . Suisse. » Lorsqu'on lui demande pourquoi elle
＿＿＿ en France, elle répond sans un ＿＿＿ : « Parce qu'il n'y a pas de ＿＿＿ en Suisse. »
Impossible de savoir combien elle ＿＿＿ par jour. « Je ne veux pas ＿＿＿. Beaucoup
d'argent . . . »

3 Écoutez de nouveau l'enregistrement (section 6 de l'unité). Votre professeur aménagera une pause dans la reproduction de la bande à la fin de chacune des phrases incomplètes suivantes, et vous compléterez la phrase par écrit.

1 tous les renseignements et toutes les procédures qui sont établis en France . . .
2 vous savez peut-être qu'en France la gendarmerie . . .
3 l'on arrive à identifier des délinquents dans les filières de négociation d'abord, au niveau du détail, pour essayer . . .
4 or, c'est là qu'il y a de la difficulté . . .
5 alors, notre rôle est également de . . .
6 appelons-les comme ça, puisque c'est leur nom ; et qui nous permettent quelquefois . . .
7 je prends un exemple qui illustre d'ailleurs le fait qu'il faut que . . .
8 on y imprimait des billets français de 50 francs, de 100 francs et de 500 francs . . .
9 alors j'ai, heureusement d'ailleurs, d'autres affaires . . .
10 les policiers prennent rarement de vacances . . .

4 Lisez le paragraphe qui suit, puis relisez une fois section 7 de l'unité. Ensuite, sans plus regarder celle-ci, traduisez le paragraphe en français :

The initials 'CB' no longer mean 'Carte Bleue'; now they mean 'Carte Bancaire'. This change marks the birth of a national system of payment by cards, which will gradually all be equipped with a microprocessor a few square millimetres in size. This memory card is a French invention, and very soon all the French will have this card in their pockets.

5 Dites en français ce que c'est qu'. . .

un faux-monnayeur   un fer à repasser
un grossiste   un détaillant
un ivrogne   un gérant
une carte bancaire à mémoire

Unité 3

1 Les expressions soulignées sont toutes remplaçables par des expressions employées dans la section 2 de cette unité. Lisez d'abord l'exercice, puis trouvez la page 25 et relisez l'article de Jacques Garai. Ensuit, sans plus consulter celui-ci, écrivez l'exercice en substituant des mots de l'article pour les phrases soulignées.

 1 Pour <u>ne plus fumer</u> des cigarettes, un de mes amis passe plusieurs heures par jour en taxi.
 2 D'autres essayent d'en allumer une <u>sans que le chauffeur s'en aperçoive</u>.
 3 D'autres chauffeurs, plus sadiques, expulsent le client <u>en plein centre</u> de la place de la Concorde.
 4 Ils y expulsent le délinquent <u>à l'heure de circulation la plus intense</u>.
 5 J'ouvre la porte, je vais pour <u>m'asseoir dans le taxi</u>.
 6 C'est depuis sa rencontre avec un treize tonnes. Il en est sorti <u>sans blessure</u>.
 7 Le chauffeur est retourné <u>à sa place de conducteur</u>.
 8 « N'allez pas rue du Rocher ! » dit-il. Là, quand même, je <u>ne lui permets pas de m'influencer</u>.
 9 « Il me dit : rond point des Champs-Élysées. Il <u>se méprenait</u>, c'est sûr. »
 10 « Que pensez-vous de Le Pen ? – Oh, pfff . . . – <u>Vous parlez sérieusement</u> ? Et Mitterrand ? »
 11 « C'est rare de trouver deux Français <u>de la même opinion</u> en politique. »

2 Écoutez de nouveau l'enregistrement (section 3 de l'unité). Votre professeur aménagera une pause dans la reproduction de la bande à la fin de chacune des phrases suivantes, et vous compléterez la phrase par écrit.

 1 c'est . . . on représente une petite ville, une église . . .
 2 puis tout d'un coup il y en a un qui se retourne . . .
 3 tout d'un coup il y a le copilote qui dit au pilote, il dit . . .
 4 le Français met ses doigts dans le bocal : « Et toi, . . .
 5 à quoi reconnaît-on un Belge sur un aéroport ? Eh ben, c'est la seule personne . . .
 6 le docteur : « Oui, oui, qu'y a-t-il madame ? – . . .
 7 donc, c'est limité à soixante, et . . .
 8 il sort de l'eau, et la petite souris qui dit : « Mais non, . . .

3 Relisez une fois de plus la lettre de « Caroline Vaisbaud » (section 6) ; puis, sans plus la consulter, comblez les vides dans l'extrait qui suit :

Un _____ avait en effet renversé sa voiture dans un _____ avant de prendre la _____. Dès _____, je lui ai rendu visite chaque jour jusqu'à son _____ et lui, à peine sorti, me faisait envoyer une superbe _____ de roses en signe de _____. Depuis, nous nous sommes revus régulièrement et avons vite pris _____ que nos _____ réciproques dépassaient de beaucoup le _____ de l'amitié … Seulement voilà : mon fiancé _____ à l'une des plus grandes familles françaises, _____ que je suis moi-même issue d'un _____ fort modeste … Très _____, pour célébrer nos _____, ses parents organisent une réception dans leur hôtel _____ où beaucoup de gens connus seront _____.

4 Dites (ou écrivez) en français ce que c'est qu'…

un hébdomadaire	un fait-divers
un nœud papillon	un chien-loup
un briquet	une pharmacie de bord
un croc	un pare-brise
un paratonnerre	une infirmière
un chauffard	un hôtel particulier

5 Complétez avec le bonne préposition ces phrases tirées des textes de l'unité (si une préposition y est nécessaire) :

1 Certains ont des chiens-loups dressés _____ éteindre les cigarettes d'un seul coup.
2 Après, les victimes n'osent plus _____ fumer que dans les W.C.
3 Le chauffeur sort sa pharmacie de bord et insiste _____ me soigner.
4 A cause du chien qui me montre les crocs, je suis obligé _____ rester dans le coin.
5 Je préfère _____ aller rue Gros-Caillou.
6 On est bien placé _____ le constater.
7 Ça devrait pas être permis _____ empester tout le monde comme ça.
8 Le p'tit type se mit _____ craindre.
9 D'abord, je vous permets pas _____ me tutoyer.
10 Il avait une grosse envie _____ pleurer.
11 C'est ainsi qu'il en vint _____ me demander la main.
12 J'aurais bien trop honte _____ avoir à demander quoi que ce soit à mon fiancé.
13 Cette passion pour votre style m'a décidé _____ vous demander un immense service.
14 Pourriez-vous avoir la gentillesse _____ me prêter une robe ?
15 Je vous promets _____ vous rendre la robe dès le lendemain matin.
16 Je vous prie _____ croire dans l'assurance de ma plus haute considération.
17 Nous vous conseillons _____ nous appeler pour prendre rendez-vous.
18 Monsieur de Givenhy refuse _____ être photographié.

Unité 4

1 Dans l'unité numéro 4 vous avez rencontré, peut-être pour la première fois, des verbes synonymes de ces phrases. Quels sont ces verbes ? (On vous en donne la première lettre.) Si vous ne vous en souvenez pas, cherchez-les dans les textes. Utilisez ensuite chaque verbe dans une phrase que vous composerez vous-même.

1 ne pas détruire (é……)
2 retrouver sa santé ; revenir à un état favorable (se r……)
3 traverser (surtout lorsqu'il y a un obstacle) (f……)
4 salir ; polluer (s……)
5 fermer (un trou, une bouteille) (b……)
6 être agité, être en effervescence (b……)

7 disparaître en coulant (s'é . . . . . .)
8 consoler ; offrir sa sympathie à (r . . . . . .)
9 faire bouger (r . . . . . .)

2 Voici un second extrait de l'article du *Nouvel Observateur* que vous avez lu (section 2 de l'unité). Comblez-en les vides en utilisant les mots qu'on vous donne ci-dessous.

parcourir ; sauvée ; repas ; compte ; problème ; politique ; failli ; afin ; obligées ; raison ; sèches ; surface ; ramasser ; adapté ; cause ; tentatives ;

Le _____ est le même pour les arbres des zones _____ d'Afrique. Les États africains n'ont pas suffisamment tenu _____ du caractère endémique de la sécheresse dans leurs _____ de développement. Résultat, aujourd'hui, au Mali, les femmes sont _____ de _____ chaque jour plusieurs kilomètres pour _____ le bois dont elles ont besoin _____ de réaliser la cuisson de leurs _____. Et le désert progresse.
　　Le président Mitterrand a _____. Le problème de la forêt est avant tout _____. A _____ de ce décalage entre le temps des sociétés et celui des arbres. La forêt française a déjà _____ périr une fois, au lendemain de la Révolution. C'est le Code forestier promulgué en 1825 qui l'a _____ et qui a permis de doubler sa _____ en un siècle. Aujourd'hui, nous avons besoin d'un nouveau Code, _____ à la civilisation industrielle.

la cuisson cooking
le décalage time lag;
　discrepancy

3 Lisez le paragraphe qui suit ; puis relisez avec soin le deuxième paragraphe de la section 1 de l'unité. Ensuite, sans plus regarder celui-ci, traduisez le paragraphe ci-dessous en français.

We advocate a plan of campaign on a European scale. This should comprise, amongst other things, co-ordinated anti-pollution measures for industrial waste, an increasing reliance on non-polluting sources of energy, the establishment of effective policies to economise energy and the general and swift introduction of systems to reduce the toxicity of exhaust gases.

4 Écoutez de nouveau le deuxième enregistrement de la section 8 de l'unité. Votre professeur aménagera une pause dans la reproduction de la bande à la fin de chacune des phrases incomplètes suivantes, et vous compléterez la phrase par écrit.

1 parce que le stationnement étant difficile . . .
2 je viens là, par exemple, en sortant du métro . . .
3 on peut installer quelques . . . quelques chaises et quelques tables sur le trottoir mais . . .
4 aucun justificatif qui soit demandé, les cafés . . .
5 les habitants qui sont autour de ces zones . . .
6 parce qu'il avait la chance, depuis très longtemps, d'avoir . . .
7 alors, ce qu'il faut faire, c'est . . .
8 il y a beaucoup de parkings privés dans Paris . . .
9 des progrès qui seront faits quand la rocade, qui . . .
10 et très souvent il y a beaucoup de banlieusards qui . . .

5 Expliquez en français ces noms que vous avez rencontrés, peut-être pour la première fois, dans l'unité :

un pot d'échappement
une soute
un patrouilleur
un néophyte
un cracheur de feu
un poulbot
une décharge

une agglomération
un rateau
les hauts fonds
le compte à rebours
un camelot
une friterie
le mobilier urbain

Unité 5

1 Expliquez en français le sens des expressions soulignées dans ces phrases tirées des textes de la première section de cette unité.

1 La vaisselle en céramique et les verres <u>font fureur</u>.
2 Partout on plante la vigne, et <u>le vin détrousse la bière</u>.
3 C'est seulement des siècles plus tard que <u>la table reprend ses droits</u>.
4 Un peu avant le début du repas, on apporte <u>en grande pompe</u> le dressoir.
5 Sous le règne de Louis XIV, <u>l'étiquette est reine</u>.
6 On veut se régaler, certes, mais on ne veut pas <u>s'alourdir l'estomac</u>.
7 Une cuisine nouvelle apparaît <u>qui joue la qualité</u> plutôt que la quantité.
8 Les banquets monstrueux de la Troisième République <u>brillaient plus par la longueur des menus que par l'invention</u>.
9 Après lui une équipe de chefs vedettes <u>a repris le flambeau</u>, toujours au restaurant.

2 Donnez les adverbes qui correspondent à ces adjectifs (tous ces adverbes sont utilisés dans l'unité) :

différent	abondant
égal	obligatoire
automatique	assuré
tel	gentil
poli	superbe
impuni	égoïste
généreux	franc
curieux	terrible

3 Écoutez de nouveau les deux enregistrements de la section 2 et la section 7 de l'unité. Votre professeur aménagera une pause dans la reproduction de la bande à la fin de chacune des phrases incomplètes suivantes, et vous compléterez la phrase par écrit.

Section 2
1 les enfants dans l'ensemble, même...
2 on ne peut pas leur en vouloir parce que ce sont les parents qui...
3 à peine ils peuvent parler, on leur demande...
4 on va leur acheter un petit manteau, on leur dit...
5 quand nous étions petits on ne nous demandait pas ce qu'on voulait manger, oui, eh bien,...
6 tandis qu'on nous habituait, nous, au contraire,...
7 je ne voulais pas goûter d'un certain plat...
8 les jeunes disent que nos parents étaient de vrais tortionnaires, hein?...
9 on n'avait pas de tout ça...
10 ils sont pas gais. – Non. – Ils sont pas gais...

Section 7
1 les jeunes jusqu'à dix, quinze ans...
2 mais à cet âge-là les jeunes...
3 c'est là la première forme du snobisme...
4 à la fin des études donc du jeune,...
5 les gens les plus snobs ont des chaussures de Weston, ont...
6 auquel les enfants sont directement, très jeunes, confrontés...

4 Nous avons imprimé ici le « Guide pratique de la chance » de la section 5 de l'unité sans aucun verbe. Relisez la version originale à la page 47, puis, sans la reconsulter, comblez les vides dans cette version qui suit :

On le _____, un fer à cheval dans sa poche _____ mieux qu'un miroir brisé à ses pieds. Mais, _____ du bois, il _____ bien d'autres façons d'_____ la chance : _____ un idiot : _____, _____, _____ des fleurs, _____ un paire de gants ou un clou. Et malheureusement il _____ autant de façons de la _____ _____ : _____ son alliance, _____ son âge, _____ une bouteille d'huile, _____ une chaise, _____ du persil, _____ « je _____ très bien ». Et si la journée s'_____ catastrophique, _____ aux toilettes et _____ vos sous-vêtements à l'envers pour _____ le destin ou _____ des haricots sur la moquette en _____ « les démons dehors, le bonheur dedans ». Mais _____ de _____ « merde » la veille des examens, ça n'_____ pas les résultats. En revanche, _____ dedans _____ une valeur sûre . . .

5 Trouvez les noms (rencontrés dans l'unité) qui correspondent à ces définitions.

1 Gros meuble de rangement, surtout médiéval, en forme de caisse avec couvercle.
2 Terre plastique utilisé des potiers.
3 Projet concerté, secret et méchant.
4 Celui qui donne l'hospitalité (et celui qui le reçoit aussi !).
5 Auteur de romans.
6 Bout de métal pointu et à tête qui sert à fixer ou à assembler des choses.
7 Plante potagère aromatique, utilisée comme assaisonnement, souvent avec du poisson.

Unité 6

1 Comblez les vides avec les prépositions nécessaires (avec **de, à** il y aura peut-être un changement dans l'article suivant aussi) :

1 Il appartenait _____ une race aujourd'hui en voie de disparition.
2 Le Parisien, le vrai de vrai, se définissait _____ une attitude générale devant l'existence.
3 Les Français ne peuvent pas souffrir que les Américains soient en avance _____ eux.
4 Personne ne peut rivaliser _____ les Français _____ l'art d'exhiber la « bouffe ».
5 Méfiez-vous _____ les voleurs à la tire.
6 Vous avez des voleurs _____ l'intérieur du train.
7 Vous avez envie _____ ce baladeur : achetez !
8 Il faut profiter _____ toutes ses pulsations.
9 Vous commencez _____ les quais de la Seine.
10 La ville se vide _____ un seul trait.
11 Il faut attendre le soir pour que les vendeurs de crêpes surgissent de _____ derrière leurs comptoirs exigus.
12 Depuis il s'est habitué _____ la Tour Montparnasse.
13 Pompidou a marqué tout _____ sa « sensibilité artistique ».
14 Ce sera plus facile _____ obtenir un interview _____ Fabius.
15 Tous ces ouvriers accoudés _____ le zinc, très tôt le matin . . .
16 Le barrage Marne fait baisser _____ soixante centimètres le niveau d'eau à Paris.

2 Écoutez de nouveau l'enregistrement (section 5 de l'unité). Votre professeur aménagera une pause dans la reproduction de la bande à la fin de chacune des phrases incomplètes suivantes, et vous compléterez la phrase par écrit.

1 c'est un arrondissement très très parisien, ...
2 le Faubourg Saint-Antoine sur un côté, et ...
3 des gens qui avaient quatre ou cinq employés, enfin, ...
4 ils étaient très vétustes, et dans le programme de rénovation ...
5 tous ces ateliers ont été supprimés et ...
6 plus du tout habité par la même population ; ce sont des gens ...
7 dans mon quartier par exemple il y avait quatre crémeries : ...

3 Faites des définitions de ces noms que vous avez rencontrés dans l'unité :

un socle	un cep
du tape-à-l'œil	un cache-col
la feraille	la grasse matinée
une tricoteuse	une brasserie
le zinc	un barrage
la crue	

4 Récrivez ces phrases sans en changer le sens, et sans employer les mots soulignés. (En cas de difficulté, vous trouverez la solution dans les textes de l'unité)

1 Quand ils retournent chez eux, tous ceux qui ont effleuré Paris en conservent la nostalgie.
2 Voyez-vous, on ne décrit pas Paris : on l'effeuille comme une fleur.
3 Si vous vouliez le connaître vraiment, il faudrait y passer vingt ans.
4 Il appartient à une race qui, aujourd'hui, est en train de disparaître.
5 Par bonheur il y a des parcs et des jardins, tel celui du Luxembourg.
6 C'est en vain que vous croyez connaître Paris, il y a toujours des choses à découvrir.
7 C'est une grande réussite, en dépit de ce que je vous ai dit sur Pompidou.
8 Ça n'a aucun rapport avec l'importance des gens.
9 Pour ce qui est du Parisien, c'est un Italien de mauvaise humeur.
10 Voilà onze ans qu'elle se balade partout en Europe.
11 Des fissures sont apparues, résultats des économies faits à l'époque de leur construction.

5 Relisez ce que disent les correspondants étrangers de la Parisienne typique (section 6 de l'unité), et relisez aussi votre propre portrait d'elle ; puis traduisez en français :

The Paris woman is either very fashionable or else very much the concierge type. She can be snobbish and dominating – certainly she is a woman who is very sure of herself. She is, of course, always in a hurry, and may be something of a grumbler. What she is not is one of those dream women that one only meets on the pages of the women's magazines.

Unité 7

1 Ce qui suit est un extrait d'une autre version du fait divers « Quatre femmes dans les nuages », tirée cette fois-ci de *Femme Pratique*. Comblez les vides dans l'extrait en utilisant un seul des quatre mots qu'on vous offre :

Premières femmes ＿＿＿ (*seules/courageuses/pilotes/embauchées*) **dans l'Armée de l'air**

Elles sont quatre, jeunes, plutôt jolies et ＿＿＿ (*futées/jeunes/imprévisibles/névrosées*), équilibrées, déterminées et, rassurez-vous, pas plus « garçon ＿＿＿ (*coiffeur/manqué/de cabine/de service*) » que vous et moi !

Des ＿＿＿ (*alibis/pilotes/pionnières/précieuses*), en quelque sorte. Des femmes alibis aussi. ＿＿＿ (*désormais/ça et là/depuis/en attendant*), chaque année 10% (soit quatre par an) des pilotes de transport ou d'hélicoptère ＿＿＿ (*rejetés/formés/employés/exhibés*) par l'armée de l'Air ＿＿＿ (*veulent/peuvent/osent/doivent*) être du sexe féminin. Mais attention, on ouvre les airs militaires aux femmes par la ＿＿＿ (*grande/petite/moindre/bonne*) porte. Pas question pour elles de devenir pilotes de chasse : pilote de chasse veut (*dire/devenir/dénigrer/déployer*), en langage ＿＿＿ (*courant/populaire/militaire/diplomatique*), pilote de guerre ...

2 Qu'est-ce que c'est que ...

une arrière-pensée	une blanchisserie
un pressing	l'aumône
un milliard	un corps à corps
un truand	le doyen (ou la doyenne)
le clair de terre	une sage-femme

3 Écoutez de nouveau l'enregistrement (section 4 de l'unité). Votre professeur aménagera une pause dans la reproduction de la bande à la fin de chacune des phrases suivantes, et vous compléterez la phrase par écrit.

1 je commence à huit heures et je finis à quatre heures et demie ...
2 j'ai travaillé au début de mon mariage pendant dix ans, onze ans ...
3 et, théoriquement, je reprends pour quatre ans ...
4 donc j'arrêterai ce travail-là pour ...
5 c'est plus réservé à mon mari qui est musicien qu'à moi ...
6 là c'est toujours moi par contre ...
7 il prépare souvent le déjeuner aussi ...
8 je me lève la première, je pars la première, lui ...
9 elle n'a jamais été émancipée par rapport à mon père ...

4 Donnez (ou si vous ne le pouvez pas, trouvez dans les textes de l'unité ...) les adjectifs qui correspondent à ces noms :

l'instabilité	la privauté
la famille	la personne
la disponibilité	la fiction
la soie	le velours
l'enthousiasme	le soupçon
le sport	le silence
la tradition	la réalité
le ménage	le monde
la fidélité	

5 Et maintenant donnez les noms qui correspondent à ces adjectifs (eux aussi sont à trouver dans les textes de l'unité) :

sain	coûteux
fou	décontracté
vite	rapide
compétent	tendre
pieux	curieux

Unité 8

1 Trouvez les mots (rencontrés dans l'unité) qui correspondent à ces définitions :

1 Construction provisoire des forains.
2 Espèce de coussin qu'on met sur le lit et sur lequel on dort.
3 Qui a duré au moins cent ans.
4 Personne qui achète et qui vend des antiquités ou des objets d'occasion.
5 Rendre sale.
6 Des bancs disposés en étages, par exemple dans un stade.
7 Homme monté à cheval.

2 Écoutez de nouveau les enregistrements (section 3 et section 7 de l'unité). Votre professeur aménagera une pause dans la reproduction de la bande à la fin de chacune des phrases incomplètes suivantes, et vous compléterez la phrase par écrit.

Section 3
1 c'est une maison qui a quinze pièces, et maintenant elle…
2 qui sont soit des copies soit des objets amusants, curieux, certains jolis et…
3 c'est-à-dire être beaucoup plus impliqué, être dedans…
4 c'est pas de l'antiquité, c'est de la qualité moyenne ; et depuis quelques années…
5 il y a toujours quelqu'un qui est pas plus ignare, pas plus idiot que vous, et…
6 alors nous arrivons, nous chargeons nos deux petites voitures avec tous ces objets…
7 ils réfléchissent de la même manière : « On va les jeter,…»
8 et ensuite commence la partie intéressante. Les gens…
9 je parle de moi, et donc de ma femme et des filles,…
10 et on voit des gens curieux…

Section 6
1 vous avez ensuite un secteur dit d'animation sociale…
2 la ludothèque, qui rassemble là donc les enfants de toute la ville…
3 eh bien, ce sont des salles d'animation…
4 nous essayons de créer dans les cités une animation…
5 le Club de prévention, différents médecins et d'autres partenaires encore…
6 enfin dans le secteur ludothèque, eh bien là,…
7 secteur animation, secteur prévention et ludothèque apportent…
8 le problème auquel nous sommes confrontés,…

3 Lisez le paragraphe qui suit. Trouvez le premier paragraphe de l'extrait du *Monde* dans la section 6 de l'unité et relisez-le en prenant des notes. Puis, sans reconsulter l'article, traduisez ce paragraphe en français à l'aide de vos notes :

When Pedrag, who is only ten and a half, opened the door of 'Caravansérail' for the first time, he couldn't believe his eyes. It was a room no bigger than a classroom, but in it were piled thousands of toys of all sorts. For him it was Ali Baba's cave. Could it be a new toyshop in an HLM? Pedrag expected to find cashiers at the exit; but there weren't any.

4 Relisez la deuxième partie de l'article « Les châteaux racontent » (section 5 de l'unité), puis, sans plus le consulter, comblez les vides dans cet extrait, autant que possible avec les mots de l'original :

1977. Les spectacles de _____ ont 20 ans. L'âge de la folie et de la _____. Au château du Puy-du-Fou, Philippe dé Villiers _____ la « cinéscénie », nouveau mode d'expression qui _____ emprunté au passage des effets de _____ du cinéma et des concerts pop. _____, les _____ 10 000 spectateurs s'installent sur les gradins. _____ de papier,

_____ de cigarettes : l'atmosphère est _____ la fête. 22 h 30. Brusquement tout s'_____ : l'obscurité totale. Avec elle, un _____ absolu, impressionant. Hypnotisés, les yeux se _____ sur une _____ fantomatique qui écorche la nuit d'une _____ vacillante. L'homme est seul. _____ sur son bâton, il avance à pas _____ lents. Et soudain, dans le silence, s'élève, _____ de nulle part, une voix de géant qui _____ l'horizon tout entier.

5 Nous vous donnons un nom et un verbe que vous avez rencontrés dans cette unité, peut-être pour la première fois. Recombinez-les dans une phrase que vous inventerez.

   1 l'éclair/zébrer
   2 le jeu de société/se délecter
   3 la bascule/remiser
   4 le jouet/dénicher
   5 la répétition/salir
   6 les devises/s'amonceler
   7 la fierté/recurer

Unité 9

1 Comblez les vides dans cet extrait d'un article du *Monde*, en utilisant les mots ci-dessous :

critère ; rarement ; souveraineté ; invoqué ; biens ; tabou ; politique ; sache ; autant ; élire ; touchant ; concerne ; ignorer ; mandat ; condition ; privée ; plus

D'un homme _____, tout doit être connu, et pas seulement ce qui _____ l'argent, zone _____ de la vie publique française. Aucun secret _____ la santé, la fortune, les alliances, ne peut être _____ par un homme qui sollicite le _____ de gouverner les autres hommes. Il est normal que le citoyen _____ tout de l'homme à qui il confie sa part de _____. La vie _____ des hommes publics est forcément un domaine étriqué.
    Pour _____, ces informations ne sont que des hors-d'œuvre. Quand on aurait la liste détaillée des _____ possédés par celui-ci ou celui-là, à la _____ de savoir comment il est entré dans leur possession, on ne serait que _____ beaucoup plus avancé. Car qui peut _____ qu'une carrière politique est coûteuse, d'autant _____ coûteuse que les ambitions sont vastes ? Il faut de l'argent, même si ce n'est pas un _____ suffisant pour _____ ou rejeter celui qui le possède.

étriqué limited ; restricted

2 Expliquez en français ces noms que vous avez rencontrés dans cette unité, peut-être pour la première fois :

un balancier	la case départ
un tantinet	une charpente
l'État-providence	le pot-au-feu
le cassoulet	la bouillabaisse
un comédien	

3 Écoutez de nouveau les deux enregistrements (section 3 de l'unité). Votre professeur aménagera une pause dans la reproduction de la bande à la fin de chacune des phrases incomplètes suivantes, et vous compléterez la phrase par écrit.

Premier extrait
   1 et donc pour comprendre l'origine de la cohabitation...
   2 ballotté entre des partis voisins ou ennemis et qui...

3 de Gaulle a donc décidé de renverser la situation et de créer un gouvernement…
4 pour avoir une action, comment dire, une action qui…
5 la constitution de la quatrième République donnait tout le pouvoir au parlement qui…
6 un peu comme la reine d'Angleterre, si vous voulez…
7 c'est le pivot, le centre, c'est l'incarnation de la souveraineté nationale, mais…
8 le général de Gaulle, qui était une personnalité très forte, et…
9 le parlement, qui était bien sûr toujours en place,…
10 et ne pouvait plus renverser le gouvernement…

Deuxième extrait
1 et il continue de déclarer régulièrement, qu'il…
2 dans un contexte très différent de celui du général de Gaulle, puisque…
3 sans ça on aurait rapidement dit que le président de la République…
4 se retrouvent côte à côte non seulement au Conseil des Ministres, mais…
5 l'un en tant que chef d'État,…

4 Les expressions soulignées sont toutes remplaçables par des expressions utilisées dans l'article « Le P.S. à la croisée des chemins » dans la section 5 de l'unité. Lisez d'abord l'exercice, en faisant des notes si vous voulez, puis trouvez la page 81 et relisez l'article. Ensuite, sans plus consulter celui-ci, écrivez l'exercice en substituant des mots de l'article pour les phrases soulignées.

1 Il est vrai que les contorsions de langage essayent de concilier « l'impératif de modernité » et « l'héritage du socialisme ».
2 Quel programme présenter aux électeurs ? Le parti socialiste, là encore, attend prudemment une solution.
3 « L'État-providence » ne dupe personne aujourd'hui.
4 Le P.S. lui-même est d'accord avec ce point de vue.
5 Quel leader mettre en avant ? Cette question n'est pas une des moins importantes.
6 Même si la personnalité de François Mitterrand réunit, apparemment, toutes les voix.
7 Les Français pourraient ne plus soutenir un « président-candidat ».
8 Fort d'un potentiel de voix qui est approximativement 33 % de l'électorat…
9 Pourtant, sa « vocation majoritaire » dépend précisément des réponses données à ces questions.

5 Comblez ces vides en substituant **à, de** ou rien du tout.

1 Le socialiste moyen ressemble _____ le Français moyen.
2 La culture fait davantage partie _____ son bagage.
3 La couleur d'un homme ne se mesure pas _____ l'aune de son compte de banque.
4 Disposez différemment _____ la masse des réponses, et vous verrez apparaître une nouvelle image de la France.
5 Pétain disposait-il _____ sondages privés ?
6 Les principes égalitaires relèvent _____ cette catégorie.
7 Les travailleurs immigrés cotisent _____ la Sécurité sociale.
8 Lady Di a commandé _____ une fabrique près d'Angoulème des charentaises pour toute sa famille.

Unité 10

1 Lisez cet extrait de l'article de L'E*xpress* (section 1), que nous imprimons ici sans ses adjectifs. Relisez ensuite l'article lui-même à la page 87, puis, sans plus le consulter, comblez les vides dans notre extrait :

Confortablement _____, chacun est chez soi, et le public est _____. Ici, deux _____ couples d'humeur _____, _____ et court _____, semblent fêter le succès de leurs _____ examens. Là, un client _____ et _____ prend son repas seul en lisant le journal : c'est peut-être le jour de sortie de sa gouvernante. A côté, une vedette de la télévision dîne en compagnie d'un _____ homme d'allure _____. Plus loin, quatre touristes _____ s'extasient à chaque plat qu'on leur sert.

L'extase est _____, mais la salade de légumes rafraîchit, croque et goûte bien, tandis que les cailles et le chou _____ s'unissent pour le meilleur en une salade _____. L'agneau en croûte provoqua chez nos voisins des bêlements de bonheur qui influencèrent notre choix : l'animal se révèle _____, _____, _____ et largement _____.

2 Écoutez de nouveau les enregistrements (section 5 et section 8 de l'unité). Votre professeur aménagera une pause dans la reproduction de la bande à la fin de chacune des phrases incomplètes suivantes et vous compléterez la phrase par écrit.

Section 5
1 à dix heures il fallait que je mange une pomme et le midi ...
2 rajouter une biscotte le matin ...
3 et j'avais maigri en une seule ... en ...
4 et j'ai continué pendant deux mois encore et ...
5 mais malheureusement après, bah, ...
6 vous avez bien fait parce que c'est complètement inutile ! – Non, mais ...

Section 8
1 alors, à cause de l'hypertension ...
2 et pour moi après différents régimes ça m'a été ...
3 d'ailleurs, la Sécurité sociale m'a prise en charge, ...
4 une mère de famille, quand ... lorsqu'elle se retrouve à l'hôtel, ...
5 parce qu'on n'est pas, il n'y a pas de tentations ...
6 pour bien en profiter, il faut essayer de faire le ... enfin moi, j'ai voulu ...
7 j'allais à la cave pour boire de l'eau thermale, elle est ... qui ...
8 alors, c'est quand même formidable de ...
9 on est enveloppé dans des couvertures chaudes et ...
10 avant de regagner son hôtel, où on se repose, parce que ...

3 Trouvez les mots, rencontrés dans l'unité, qui correspondent à ces définitions :
1 Femme qui s'occupe du ménage d'une personne seule.
2 Cri d'un mouton.
3 Peu connu ou peu apprécié.
4 Grande plante dont la fleur se tourne vers le soleil.
5 Produit sucré des abeilles.
6 Ne rien manger ; se priver de nourriture.
7 Enlever la peau et les parties inutiles, surtout des légumes, des fruits.
8 Graine dure au centre d'un fruit.
9 Bandes passant sur les épaules et servant à retenir un pantalon.
10 Vêtement qu'on remet en sortant du bain.

4 Retrouvez la section 7 de l'unité et relisez ce qu'a écrit la journaliste, Anne-Marie Reby, sur la nouvelle cure. Puis, cette fois-ci en consultant l'article autant que nécessaire, traduisez ce paragraphe en français :

At eight in the morning I was already on my way to the Institute, crossing the park, surrounded by panting men and women – real heroes at eight in the morning, in my opinion. It takes will-power and bravery to prefer this sort of effort to lazing under the duvet for another half hour. I tested gymnastics in the hall of the Institute, underwater massage, all sorts of odd and barbarous devices. What I really preferred was the moment, between two tortures, when, comfortably snuggled up in a great, hot dressing gown, you were allowed to savour five minutes of calm.

5 Expliquez ces mots rencontrés, peut-être pour la première fois, dans l'unité :

une abside	le fromage blanc
un féculent	des fringales
une salière	un essaim
un paquebot	une couette
une sirène	

Unité 11

1 Relisez la deuxième section de l'unité une fois seulement, puis, sans plus la consulter, comblez les vides dans le paragraphe qui suit. Nous vous avons imprimé la lettre initiale de chaque mot qui manque.

Le d_____ est d'a_____ plus grand que p_____ les quarante pays qui se r_____ à un t_____ ou un autre de la f_____ il y a une importante c_____ d'États a_____ dont q_____ sont parmi les pays les plus pauvres du monde. O_____, pour m_____ le s_____ technologique des vingt ans à v_____, le d_____ de ces pays sera un facteur d_____. B_____, l'i_____ de la bataille des l_____ se j_____ dans le domaine é_____ et c_____. Et une francophonie p_____ riche sera plus d_____ et plus c_____ qu'une francophonie p_____.

2 Employez chacun des mots qui suivent dans une phrase qui en rendra clair le sens :

un vieux routier	ne pas y aller par quatre chemins
enfler	un faubourg
à brève échéance	une pince
le dénuement	le savoir-faire
ne pas se payer des mots	s'enorgueillir de

3 Écoutez de nouveau l'enregistrement des trois Françaises (section 1 de l'unité). Votre professeur aménagera une pause dans la reproduction de la bande à la fin de chacune des phrases incomplètes suivantes, et vous compléterez la phrase par écrit.

Natalie
1 c'est-à-dire que déjà on passe...
2 et lorsqu'on a fini son dîner, on a encore...
3 à huit heures et demie en générale on regarde la télévision...
Madeleine
4 j'y suis allée quatre ou cinq fois et...
5 donc il n'y a plus de vie de... dans le village, vraiment,...
6 tous les jeunes partent...
7 leurs parents sont nés dans le village, et leurs grands-parents...

Micheline
   8 j'avais une image de l'Angleterre très romantique. Pour moi c'était un pays . . .
   9 c'est un peuple de gens, je trouve, tendus, . . .
  10 c'est que la France et les Français . . .
  11 qui est beaucoup plus considérable qu'en Angleterre et . . .

4 Lisez d'abord l'exercice. Les expressions soulignées sont toutes remplaçables par des expressions employées dans les trois premiers articles de la section 6 de l'unité. Relisez ces articles, puis, sans plus les consulter, écrivez l'exercice en substituant les mots originaux pour les mots soulignés.

   1 A la fois vive et fragile, on l'imagine mal <u>confrontée à</u> ce qu'il y a de pire au monde.
   2 Dans cet immense camp s'entassent quelque 50 000 personnes <u>qui ont épuisé leurs énergies physiques</u>.
   3 Des conditions de travail extrêmement difficiles : hôpital <u>improvisé et temporaire</u> installé dans un grand hangar.
   4 Heureusement l'équipe – quatre médecins et trois infirmières – <u>s'entraidait les uns les autres</u>.
   5 Il fallait voir comment s'organisait ce groupe d'enfants <u>dont personne ne s'occupait plus</u>.
   6 L'objectif primordial de notre mission était de sauver le bois <u>coûte que coûte</u>.
   7 J'ai apporté quelque chose et, <u>en échange</u>, j'ai beaucoup reçu.
   8 Ils ont deux points commun : <u>on ne les paie rien du tout</u> et ils ont été chauffeurs de « l'Autobus ».
   9 La traversée du Sahara n'est pas si difficile, <u>si on ne tient pas compte des</u> problèmes de l'ensablement de nos véhicules trop lourds.
  10 Les quatre camions resteront aussi <u>là où ils sont</u>.

5 Trouvez les noms (rencontrés dans l'unité) qui correspondent à ces définitions :

   1 « Ville » où habitent des gens très pauvres, composée d'abris de fortune.
   2 Entreprise rural où on fait pousser des jeunes plantes.
   3 Graines qu'on sème.
   4 Jardin où on cultive exclusivement des légumes.
   5 Bâtiment où on stocke des marchandises.
   6 Ce qu'on mêle au sol pour le fertiliser.
   7 Enfant ou adolescent (mot familier).
   8 Tous les animaux entretenus sur une ferme.

Grammar Index

The letters **a** and **b** after the page number refer to the first and second columns on that page.